MELODIES FOR THE MIND

Poetry for Self-Reflection and Renewal

Written by Israel Cruz

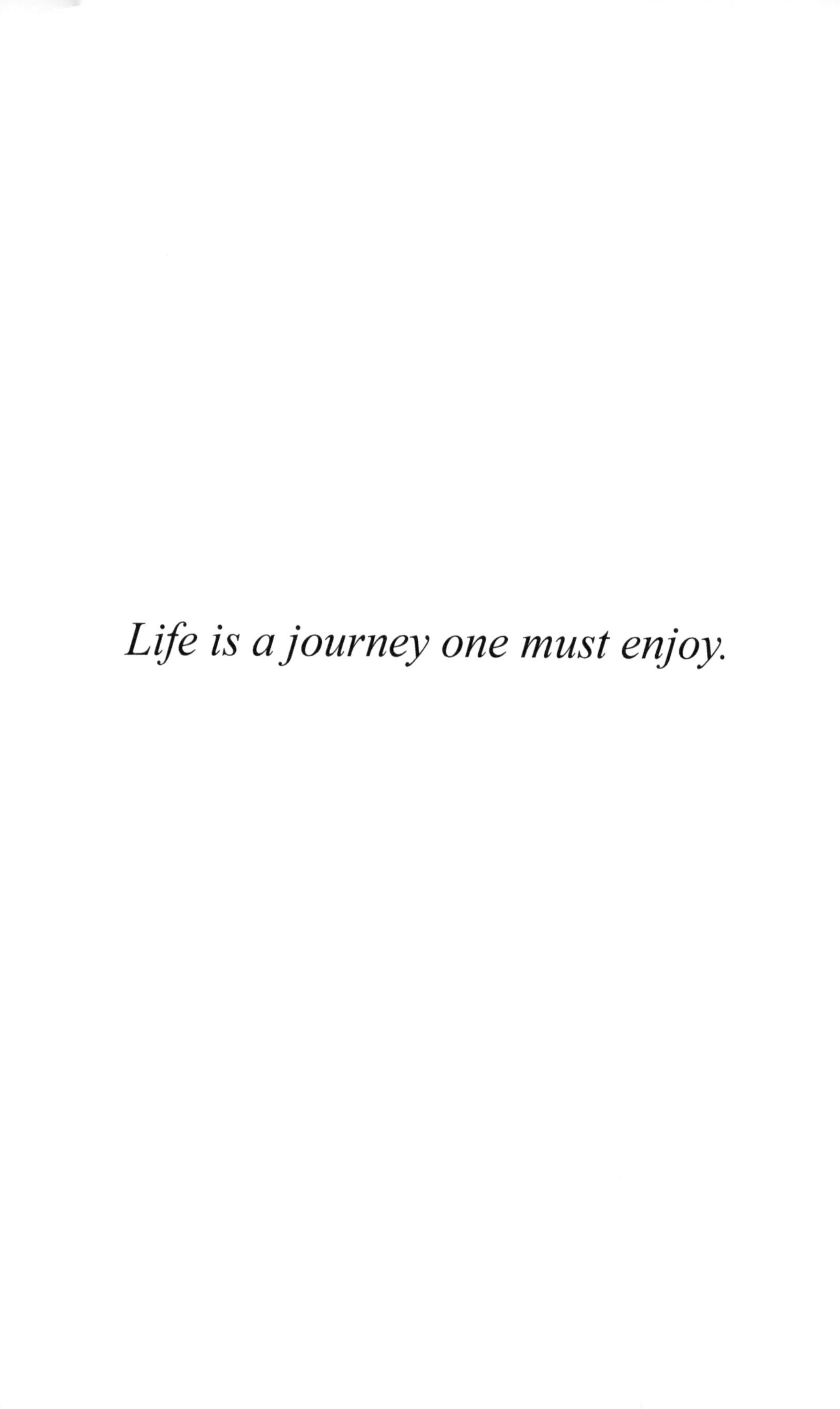

Life is a journey one must enjoy.

MELODÍAS PARA LA MENTE

Poesía para la Auto-Reflexión y Renovación

Escrito por Israel Cruz

Copyright © 2024 by Israel Cruz

All rights reserved. No part of this publication may be reproduced, distributed, or transmitted in any form or by any means, including photocopying, recording, or other electronic or mechanical methods, or conveyed via the internet or a website without the prior written permission of the author. All rights inquiries should be directed to icmriverhouse303@aol.com

Derechos de autor © 2024 por Israel Cruz

Todos los derechos reservados. Ninguna parte de esta publicación puede ser reproducida, distribuida o transmitida en ninguna forma o por ningún medio, incluyendo fotocopias, grabaciones u otros métodos electrónicos o mecánicos, o transmitida a través de internet o un sitio web sin el permiso escrito previo del autor. Todas las consultas sobre derechos deben dirigirse a icmriverhouse303@aol.com

Table Of Contents

Tabla De Contenidos

Introduction

Dr. Israel Cruz is an insightful author with a diverse educational background. Holding a doctorate degree in psychology, two master's degrees in counseling and school administration and supervision, and a bachelor's degree in business administration, Dr. Cruz spent 33 years dedicated to serving individuals in need and aiding high school students in achieving their academic aspirations.

Throughout his professional journey, Dr. Cruz found solace and inspiration in the art of writing. For many years, he shared motivational quotes on platforms like Facebook, captivating and uplifting his followers. However, it was upon his retirement in 2014 that he decided to immerse himself more deeply into the world of poetry.

With a keen understanding of human psychology and a compassionate heart, Dr. Cruz's poetry reflects his desire to offer insight and solace to readers. Each poem serves as a canvas, inviting interpretation and introspection, aiming to guide others towards a deeper understanding of their place in the world. Dr. Cruz invites readers to explore his works, urging them to delve into the layers of meaning embedded within each verse, and to embrace the positive messages woven throughout his poetry.

Introducción

El Dr. Israel Cruz es un autor perspicaz con una formación educativa diversa. Teniendo un doctorado en psicología, dos maestrías en consejería y administración escolar y supervisión, y una licenciatura en administración de empresas, Dr. Cruz dedicó 33 años a servir a personas necesitadas y ayudar a estudiantes de secundaria a alcanzar sus aspiraciones académicas.

A lo largo de su trayectoria profesional, Dr. Cruz encontró consuelo e inspiración en el arte de escribir. Durante muchos años, compartió citas motivacionales en plataformas como Facebook, cautivando y elevando el ánimo de sus seguidores. Sin embargo, fue tras su jubilación en 2014 que él decidió sumergirse más profundamente en el mundo de la poesía.

Con una comprensión aguda de la psicología humana y un corazón compasivo, la poesía del Dr. Cruz refleja su deseo de ofrecer perspicacia y consuelo a los lectores. Cada poema sirve como un lienzo, invitando a la interpretación y la introspección, con el objetivo de guiar a otros hacia una comprensión más profunda de su lugar en el mundo. Dr. Cruz invita a los lectores a explorar sus obras, instándolos a adentrarse en las capas de significado incrustadas en cada verso, y a abrazar los mensajes positivos entrelazados a lo largo de su poesía.

The Invisible Pain

My body lies exhausted,
Loaded with an overwhelming pain that does not let it rest,
It is not a physical pain, but a mental one,
One that often escapes our control.
Many feel hurt experiencing it,
But they cannot express it, much less understand it.
It arises at the most inopportune moments,
Sowing doubts, sadness, and fatigue,
The day, the environment, the people,
Everything influences our mood,
The culprit of such suffering,
A pain that comes and goes without apparent reason,
There is no understanding and no explanation.

© 2024 Dr. Israel Cruz
03/23/24

El Dolor Invisible

Mi cuerpo yace exhausto,
Cargado de un dolor abrumador que no lo deja descansar,
No es un dolor físico, sino mental,
Uno que a menudo escapa a nuestro control.
A muchos les duele experimentarlo,
Pero no pueden expresarlo ni mucho menos entenderlo.
Surge en los momentos más inoportunos,
Sembrando dudas, tristeza y fatiga,
El día, el entorno, las personas,
Todo influye en nuestro estado de ánimo,
El culpable de tal sufrimiento,
Un dolor que llega y se va sin razón aparente,
No hay entendimiento y tampoco explicación.

© 2024 Dr. Israel Cruz
23/03/24

The Mask of Life

From birth to adulthood,
Each day brings moments to treasure,
The journey of our lives,
For some, joys; for others, sorrows,
For many, a mix of emotions.

We all wear the mask of the day,
According to the feelings we face in the moment,
We laugh to avoid crying,
We cry with happiness and sorrow,
We walk with our heads held high,
Others with their gaze on the ground.

We all cover ourselves with the mask,
The one that will help us confront,
The good and the bad that the day brings us,
The essential thing is not to give up,
To fight until we reach what we desire,
Enjoying the present,
Leaving the past behind,
Living the moment given.

© 2024 Dr. Israel Cruz
03/22/24

La Máscara de la Vida

Desde el nacimiento hasta la adultez,
Cada día trae momentos para atesorar,
El viaje de nuestras vidas,
Para algunos, alegrías; para otros, tristezas,
Para muchos, una mezcla de emociones.

Todos portamos la máscara del día,
Según los sentimientos que enfrentamos en el instante,
Reímos para no llorar,
Lloramos de felicidad y de pesar,
Caminamos con la frente en alto,
Otros con la mirada en el suelo.

Todos nos cubrimos con la máscara,
Aquella que nos ayudará a confrontar,
Lo bueno y lo malo que el día nos depare,
Lo esencial es no claudicar,
Luchar hasta alcanzar lo anhelado,
Gozando del presente,
Dejando atrás el pasado,
Viviendo el momento otorgado.

© 2024 Dr. Israel Cruz
22/03/24

Dreams to Discover

The night is on its way,
To rest, I have to go.
Tomorrow will be another day to venture,
So, good night to all.
To sleep and to rest,
Many have to wake up early,
I just have to venture,
And see what the new day will bring me.
GOOD NIGHT!

©2024 Dr. Israel Cruz
03/21/24

Sueños por Descubrir

La noche viene en camino,
A descansar, me tengo que ir.
Mañana será otro día para aventurar,
Así que, buenas noches para todos.
A dormir y a descansar,
Muchos tienen que madrugar,
Yo solo tengo que aventurar,
Y ver lo que el nuevo día me traerá.
¡BUENAS NOCHES!

©2024 Dr. Israel Cruz
21/03/24

The Dance of Nature

The sun shines brightly,
its light gives us the sight of the day.
We can see the beauty that the universe provides us,
the breeze caresses our being,
with a hug that makes us feel good.
The flowers spread their fragrance,
the birds their song, their music.
The rivers communicate with their currents of water,
the mountains with their splendid beauty.
The forests provide the expected tranquility,
the sea with its waves touches the sand.
The beauty of our universe,
that which is given gradually,
the one we must appreciate and care for diligently.

© 2024 Dr. Israel Cruz
03/21/24

La Danza de la Naturaleza

El sol brilla resplandeciente,
su luz nos da la vista del día.
Podemos ver la belleza que el universo nos provee,
la brisa acaricia nuestro ser
con un abrazo que nos hace sentir bien.
Las flores reparten su fragancia,
los pajaritos su canto, su música.
Los ríos se comunican con sus corrientes de agua,
las montañas con su esplendorosa belleza.
Los bosques proveen la tranquilidad esperada,
el mar con sus olas toca la arena.
La belleza de nuestro universo,
esa que es dada gradualmente,
la que debemos apreciar y cuidar arduamente.

© 2024 Dr. Israel Cruz
21/03/24

In the Search for Inner Peace

The wandering soul fades away,
Among crowds, it feels alone,
Laughter and tears intertwine within its being.
In the solitude of the soul, it submerges,
Without understanding the reason for its pain,
It only knows that there is no explanation,
Walking aimlessly towards its destination.
In its journey, it recalls the past,
Years of joy and sorrow intertwine,
A world full of emptiness,
Each one immersed in their own universe,
Unaware of the companion by their side.
It is the emptiness of a lost soul,
Seeking its true essence,
It will continue its path, whether alone or accompanied,
Until it finds its abode,
Where the longed-for peace awaits,
Where it will no longer be a lost soul.

©2024 Dr. Israel Cruz
03/17/24

En la Búsqueda de la Paz Interior

El alma errante se desvanece,
Entre multitudes, se siente sola,
Risas y lágrimas se entrelazan en su ser.
En la soledad del alma se sumerge,
Sin comprender el porqué de su dolor,
Sabe tan solo que no hay explicación,
Caminando sin rumbo fijo hacia su destino.
En su caminar, rememora el pasado,
Años de dicha y de pesar se entrelazan,
Un mundo repleto de vacío,
Cada uno inmerso en su propio universo,
Ajenos al prójimo que les acompaña.
Es el vacío de un alma extraviada,
En busca de su verdadera esencia,
Seguirá su sendero, ya sea sola o acompañada,
Hasta hallar su morada,
Donde la paz anhelada aguarda,
Donde dejará de ser un alma perdida.

©2024 Dr. Israel Cruz
17/03/24

Wings of My Freedom

I yearn to soar as high as can be,
So high that no one can see me,
To reach unknown lands,
And start anew,
To live in freedom,
Without ties or suffering,
Being who I truly am in pure light,
A free spirit without chains,
Empowered by my own flame,
The light that gave me life,
The light that has followed me step by step,
The light that accompanies me, my dearest friend,
My promise,
The light that illuminates my path, my soul, my being.

©2024 Dr. Israel Cruz
03/15/24

Alas de Mi Libertad

Deseo volar lo más alto posible,
Tan alto que nadie pueda verme,
Llegar a tierras desconocidas,
Y comenzar de nuevo,
Vivir en libertad,
Sin ataduras ni sufrimientos,
Siendo quien realmente soy en pura luz,
Un espíritu libre sin cadenas,
Fortalecido por mi propia llama,
La luz que me dio vida,
La luz que me ha seguido paso a paso,
La luz que me acompaña, mi amiga predilecta,
Mi promesa ,
La luz que ilumina mi sendero, mi alma, mi ser.

©2024 Dr. Israel Cruz
15/03/24

Inner Strength

In the course of existence,
Powerful for some,
For others, a matter without concern,
Sadness and joys intertwined,
Laughter, tears, and also pain,
All require strength,
That which emanates from one's own being,
The strength that springs from the deepest,
That which assists you in overcoming it all.

© 2024 Dr. Israel Cruz
03/12/24

Fuerza Interior

En el devenir de la existencia,
Poderoso para algunos,
Para otros, un asunto sin inquietud,
Tristezas y alegrías entrelazadas,
Carcajadas, lágrimas y también dolor,
Todos requieren de la fuerza,
Aquella que emana de su propio ser,
La fuerza que brota desde lo más profundo,
Aquella que te auxilia a vencerlo todo.

© 2024 Dr. Israel Cruz
12/03/24

Your Own Light

It is the one that guides you daily,
The one that you often do not perceive,
The one that you often extinguish,
Your insecurity, your own injustice,
The enemy that dwells within you,
The one that eclipses your own light.

Lift your head, invigorate your spirit,
Follow your own light,
The one that will lead you to the summit,
The summit and success of your being.

© 2024 Dr. Israel Cruz
03/10/24

Tu Propia Luz

Es aquella que te guía diariamente,
Esa que a menudo no percibes,
Esa que a menudo apagas,
Tu inseguridad, tu propia injusticia,
El enemigo que mora en tu interior,
Aquel que eclipsa tu propia luz.

Levanta tu frente, vigoriza tu espíritu,
Sigue tu propia luz,
Aquella que te conducirá a la cumbre,
La cumbre y el éxito de tu ser.

© 2024 Dr. Israel Cruz
10/03/24

Journey into the Night

The night has arrived,
I must sleep and venture into unknown paths.
There, my being will delight
while my body rests,
and my spirit transforms
to reach beyond,
where time knows no bounds
and discovers its infinitude.

It will travel throughout eternity,
while my body lies still,
my spirit freed from the shackles
of mortality.

© 2024 Dr. Israel Cruz
02/27/24

Viaje a la Noche

La noche ha llegado,
debo dormir y adentrarme en senderos desconocidos.
Allí, mi ser se deleitará
mientras mi cuerpo descansa,
y mi espíritu se transforma
para alcanzar el más allá,
donde el tiempo no tiene límites
y descubre su infinitud.

Viajará a lo largo de la eternidad,
mientras mi cuerpo reposa,
mi espíritu se libera de las ataduras
de la mortalidad.

© 2024 Dr. Israel Cruz
27/02/24

My Island

Puerto Rico, oh my beloved island,
The one that witnessed my birth,
Where I spent my childhood,
Though not my adolescence and adulthood,
I miss you dearly,
I visit you year after year,
I marvel at your landscape,
I rejoice in knowing that I am a part of you,
Your fertile soil, your fauna, your sea, your people,
The warmth felt in your place,
Soon I will have to depart to a place where I am still a stranger,
You, my Island of enchantment,
You witnessed my birth,
You were my cradle,
You saw me grow,
To you, my Puerto Rico, I never forget,
You are my Island,
You are a part of myself.

©2024 Dr. Israel Cruz
02/07/24

Mi Isla

Puerto Rico, oh mi amada isla,
Aquella que me vio nacer,
Donde pasé mi infancia,
Aunque no mi adolescencia y adultez,
Te extraño con gran cariño,
Te visito año tras año,
Me maravillo contemplando tu paisaje,
Me regocijo al saber que soy parte tuya,
Tu suelo fértil, tu fauna, tu mar, tu gente,
El calor humano que se siente en tu lugar,
Pronto tendré que partir hacia un lugar donde aún soy un extraño,
Tú, mi Isla del encanto,
Fuiste testigo de mi nacimiento,
Fuiste mi cuna,
Me viste crecer,
A ti, mi Puerto Rico, nunca te olvido,
Eres mi Isla,
Eres parte de mi ser.

©2024 Dr. Israel Cruz
07/02/24

Life

Close your eyes and journey to the beyond,
Where you reside within your own being,
Where there are no prejudices or judgments,
Where you recognize the purity of your spirit,
The soul that dwells within your being,
It is the guide that leads you to the infinite,
Where you find the corner of your sweet memories,
Those that nourish your being,
Not those of disappointment and apathy,
But those that transport you to the joy of lived pleasure,
Those that give you the breath to keep on living,
Your life, the one you have designed,
According to your years, your experiences, your desires, and delights.

©2024 Dr. Israel Cruz
05/02/24

La Vida

Cierra los ojos y adéntrate en el más allá,
Donde yaces en tu propio ser,
Donde no existen prejuicios ni juicios,
Donde reconoces la pureza de tu espíritu,
El alma que anida en tu ser,
Es la guía que te lleva hacia el infinito,
Donde encuentras el rincón de tus dulces memorias,
Aquellas que nutren tu ser,
No las de desilusión y desgano,
Sino aquellas que te transportan a la alegría del placer vivido,
Aquellas que te dan aliento para seguir adelante,
Tu vida, la que has diseñado,
De acuerdo a tus años, tus experiencias, tus anhelos y deleites.

©2024 Dr. Israel Cruz
02/05/24

Recollection of My Life

The dawn has arrived,
Upon awakening, I have found,
The story of my life,
From childhood to adolescence,
From adolescence to adulthood,
Great and heroic landscapes,
Tears and sadness as well,
Achievements and unexpected omens,
Triumphs and celebrations,
Losses and gains,
All at once,
A recollection of the journey of my life,
Without resentments, without suffering,
Accepting my life as it has been,
Remembering the past without regrets or complaints,
Living in the present,
Grateful for everything experienced,
And all that lies ahead for me to traverse.

©2024 Dr. Israel Cruz
02/03/24

Recuento de Mi Vida

El alba ha llegado,
Al despertar me he encontrado,
La crónica de mi existencia,
Desde la infancia hasta la adolescencia,
Desde la adolescencia hasta la adultez,
Grandiosos y heroicos paisajes,
Lágrimas y tristezas también,
Logros y augurios esperados e inesperados,
Triunfos y celebraciones,
Pérdidas y ganancias,
Todo en un solo instante,
Un recuento del trayecto de mi vida,
Sin rencores, sin sufrir,
Aceptando mi vida tal cual ha sido,
Recordando el pasado sin lamentos ni quejas,
Viviendo el presente,
Agradecido por todo lo vivido,
Y todo lo que me espera por recorrer.

©2024 Dr. Israel Cruz
03/02/24

Villas Del Mar Hau

Thy beauty is simple yet captivating,
Thy vibrant and alluring hues,
Peace flows and caresses thy being,
Only tranquility and serenity reside in thy soul.

Thy occupants revel in the moment,
Doing what brings them joy,
The sea and its waves, the music that enfolds thee,
A melody that soothes thy guests.

Thy owner is kind, humble, and friendly,
With a noble heart devoid of ambition,
She freely shares what she possesses,
Without attachments or expectations of reward.

Thy employees give their utmost,
Remaining serene and content,
Despite any adversities they may face.

My time draws near,
My departure is imminent,
To my home I must return,
I carry memories of the peace and tranquility I feel,
When I return to Villas Del Mar Hau.

©2024 Dr. Israel Cruz
01/31/24

Villas del Mar Hau

Tu belleza es sencilla pero cautivadora,
Tus colores vivos y atractivos,
La paz fluye y acaricia tu ser,
Solo se respira tranquilidad y serenidad en tu alma.

Tus ocupantes disfrutan el momento,
Haciendo lo que les hace feliz,
El mar y sus olas son la música que te envuelve,
El canto que relaja a tus invitados.

Tu dueña es amable, sencilla y amigable,
Con un corazón noble y desprovisto de ambición,
Suele compartir libremente lo que tiene,
Sin ataduras ni esperando recompensas.

Tus empleados dan lo mejor de sí,
Se mantienen serenos y felices,
A pesar de las adversidades que puedan sentir.

Mi tiempo se acerca,
Mi partida es inminente,
A mi hogar debo regresar,
Me llevo recuerdos de la paz y tranquilidad que siento,
Cuando vuelvo a Villas del Mar Hau

©2024 Dr. Israel Cruz
31/01/24

The Meeting

Days have passed and we have met many people,
A warm greeting, a good morning, a goodbye,
Until we found an exceptional couple,
Friendly, affectionate, professional,
We have a lot in common,
Both culturally and professionally,
Long conversations, a few glasses of wine,
Pleasant laughter, so much in common,
It seemed like we had known each other for years,
A friendship that grew in an instant,
We shared information and an invitation was made,
We will see each other again soon,
We will continue the conversation at our next meeting,
Whether in Puerto Rico, New York, or Connecticut,
Our friendship is already rooted,
Two new friends we have found,
We will continue our conversation at the right moment.

©2024 Dr. Israel Cruz
01/02/24

El Encuentro

Días han pasado y a muchas personas hemos conocido,
Un saludo cordial, un buenos días, un adiós,
Hasta que encontramos una pareja excepcional,
Amigable, cariñosa, profesional,
Tenemos mucho en común,
Tanto cultural como profesionalmente,
Largas conversaciones, unas cuantas copas de vino,
Risas amenas, tanto en común,
Parecía que nos conocíamos de años,
Una amistad que creció en un instante,
Compartimos información y una invitación quedó hecha,
Pronto nos volveremos a ver,
Continuaremos la conversación en nuestro próximo encuentro,
Ya sea en Puerto Rico, Nueva York o Connecticut,
Nuestra amistad ya está arraigada,
Dos nuevos amigos hemos encontrado,
Seguiremos nuestra conversación en el momento dado.

©2024 Dr. Israel Cruz
02/01/24

Radiant Pathways

You are the radiant light of your being,
A penetrating glow that illuminates your soul,
The one that guides your path,
Directed and awaited by your guardian angels,
Those who accompany you day by day,
Your spirit grows stronger,
Your being expands,
Your own light guides you,
Do not despair,
Do not fear,
Renew your spirit, your own light,
Walking, glimpsing your horizon,
Without fear of the path ahead.

©2024 Dr. Israel Cruz
01/01/24

Senderos Radiantes

Eres la resplandeciente luz de tu ser,
Un fulgor penetrante que ilumina tu alma,
Aquella que guía tu sendero,
Dirigida y esperada por tus ángeles guardianes,
Aquellos que día a día te acompañan,
Tu espíritu se fortalece,
Tu ser se engrandece,
Tu propia luz te orienta,
No te desesperes,
No temas,
Renueva tu espíritu, tu propia luz,
Caminando, vislumbrando tu horizonte,
Sin temor al camino por recorrer.

©2024 Dr. Israel Cruz
01/01/24

New Year

You shall arrive stealthily for many,
For others, with a resounding noise,
All await you with joy or longing,
For some, you will bring delight; for others, sadness,
Yet, you are a new year,
A new dawn, just like the year before,
Each day with untold adventures,
Fresh surprises, tears of jubilation and also of sorrow,
How will 2024 be?
We do not know, we must wait,
It could bring great surprises,
It could bring profound disappointments,
Only you will determine,
What you yearn for, what you desire, what the new year holds for you.

©2024 Dr. Israel Cruz
12/31/23

Nuevo Año

Llegarás sigiloso para muchos,
Para otros, con estruendo,
Todos te esperan con alegría o ansia,
Para algunos, traerás gozo; para otros, tristeza,
Sin embargo, serás un nuevo año,
Un nuevo amanecer, al igual que el año pasado,
Cada día con aventuras inéditas,
Sorpresas frescas, lágrimas de júbilo y también de pesar,
¿Cómo será el 2024?
No lo sabemos, tendremos que esperar,
Podría traer grandes sorpresas,
Podría traer desilusiones profundas,
Solo tú determinarás,
Lo que anhelas, lo que deseas, lo que te deparará el nuevo año.

©2024 Dr. Israel Cruz
31/12/23

The Assassin

The night approached swiftly,
Darkness spread everywhere,
Nothing could be seen in the surroundings,
Only the barking of dogs could be heard,
Silence enveloped everything around,
In an instant, everything changed,
The sound of breaking glass was heard,
Footsteps resonated in the gloom,
The old man, unaware of the lurking danger,
Intruders had burst into his dwelling,
Without mercy, they struck the old man,
Leaving him unconscious and bloodied,
Without any pity,
They trampled him, spat on him, beat him brutally,
His body fought to withstand the blows,
His advanced age did not favor him,
Unexpected death approached,
Caused by a ruthless assassin,
To whom the life of the old man, mattered not in the slightest.

©2023 Dr. Israel Cruz
12/23/23

El Asesino

La noche se acercó velozmente,
La oscuridad se extendía por doquier,
Nada se divisaba en los alrededores,
Solo el ladrido de los perros se oía,
El silencio envolvía todo a su alrededor,
En un instante, todo cambió,
Se escucharon cristales quebrándose,
Pasos resonando en la penumbra,
El anciano, ajeno al peligro que acechaba,
Intrusos habían irrumpido en su morada,
Sin compasión, golpearon al anciano,
Dejándolo inconsciente y ensangrentado,
Sin piedad alguna,
Lo pisotearon, escupieron, lo golpearon brutalmente,
Su cuerpo luchaba por resistir los golpes,
Su avanzada edad no le favorecía,
La muerte inesperada se acercaba,
Causada por un asesino sin escrúpulos,
A quien la vida del anciano, no le importaba en lo más mínimo.

©2023 Dr. Israel Cruz
23/12/23

Rest

Sitting, gazing at the sea,
I see how the waves caress the rocks,
Gently touching the sand,
The ground of the shore, heated by the sun.

The waves bring with them their sweet song,
One that calms the soul, the being,
It makes you feel relaxed,
Stripped of all worries.

Thoughts, pain, anguish,
It is the rest that the soul and mind seek,
It is the rest that brings peace in its song,
The sea, its waves, its charm.

©2023 Dr. Israel Cruz
12/22/23

El Reposo

Sentado, contemplo el vasto mar,
Observo cómo las olas acarician las rocas,
Con suavidad tocan la arena,
Suelo de la orilla, ardiente por el sol.

El oleaje trae consigo su dulce melodía,
Aquella que calma el alma y el ser,
Te envuelve en una sensación de relajación,
Librándote de cualquier preocupación.

Pensamientos, dolores y angustias,
Todos se desvanecen en este reposo,
Es el descanso que anhela el alma y la mente,
Es la paz que trae consigo su canción.

El mar, con sus olas y su encanto,
Eleva el espíritu y acaricia el corazón.

©2023 Dr. Israel Cruz
22/12/23

The Unexpected Flight

The arrival at the airport was fleeting,
The check-in quick and secure,
But the wait became long and uncomfortable,
Three hours waiting to board,
Forty minutes of waiting to fly.

While the passengers took their seats,
I immersed myself in a deep sleep,
But the rest was short-lived,
The plane shook like a hammock,
Swinging from side to side.

People, absorbed in their conversations,
Some peacefully sleeping,
The commotion did not disturb their lives,
Announcements were made,
And everyone remained calm,
Their conversations,
Their sleep.

The turbulence subsided,
Without anyone noticing,
The danger we faced,
Throughout the journey,
The same one that brought us to the ground.

El Vuelo Inesperado

La llegada al aeropuerto fue fugaz,
El "check-in" rápido y seguro,
Mas la espera se hizo larga e incómoda,
Tres horas aguardando para abordar,
Cuarenta minutos de espera para volar.

Mientras los pasajeros tomaban asiento,
Yo me sumergí en un sueño profundo,
Pero el descanso fue efímero,
El avión tembló como una hamaca,
Balanceándose de un lado a otro.

La gente, absorta en sus charlas,
Algunos durmiendo plácidamente,
El alboroto no perturbó sus vidas,
Se dieron anuncios,
Y todos continuaron serenos,
Sus conversaciones,
Su sueño.

La turbulencia se apaciguó,
Sin que nadie se diera cuenta,
Del peligro que enfrentamos,
Durante todo el trayecto,
El mismo que nos trajo a tierra.

Everyone, safe and sound, applauded,
As the plane landed,
Unaware of the risk they took,
Absorbed in their conversations and dreams,
Without fear or dread.

©2023 Dr. Israel Cruz
12/18/23

Todos, sanos y salvos, aplaudieron,
Al aterrizar el avión,
Sin percatarse del riesgo que corrieron,
Absortos en sus charlas y en sus sueños,
Sin miedo ni temor.

©2023 Dr. Israel Cruz
18/12/23

The Silent Winter

The dawn has arrived,
Through the window,
I glimpse,
The gray, sad, and somber day,
The sun hidden in its corner,
The snow begins to dance,
The wind makes it soar,
Gently descending to the ground,
The trees stripped of their cloak,
The birds have departed,
Only a few beings are seen,
Seeking sustenance wherever they can,
Winter, like a stealthy thief,
Surprises those who do not expect it.

©2023 Dr. Israel Cruz
12/10/23

El Invierno Silencioso

Ha llegado la aurora,
Por la ventana vislumbro,
El día gris, triste y sombrío,
El sol oculto en su rincón,
La nieve empieza a danzar,
El viento la hace volar,
Suavemente desciende al suelo,
Los árboles despojados de su manto,
Las aves han partido,
Solo algunos seres se divisan,
Buscan sustento donde puedan,
El invierno, cual ladrón furtivo,
Sorprende a quienes no lo esperan.

©2023 Dr. Israel Cruz
10/12/23

The Mystery

The light illuminates the one who approaches,
Guiding them towards their destiny,
A beacon, a guide, shielding them from danger,
Protecting them.

In daylight and in darkness,
From afar and up close, that light watches over their well-being,
Silent, step by step,
The one who approaches is safeguarded,
By the enigma that has cared for them.

©2023 Dr. Israel Cruz
12/03/23

El Misterio

La luz ilumina al allegado,
Lo guía hacia su destino,
Un faro, un guía, que lo resguarda del peligro,
Lo protege.

En el día y en la noche,
Desde la lejanía y también de cerca,
Esa luz vela por su bienestar,
Silenciosa, paso a paso,
El allegado es protegido,
Por el misterio que lo ha cuidado.

©2023 Dr. Israel Cruz
03/12/23

Abundance

Every day, we journey along the path,
In search of what nature has bestowed upon us,
No worries, no sadness,
Simply savoring the present,
Nature has enriched us,
With its gift, its strength, Its opulence,
its beauty,
Without prejudice or disdain,
It embraces us with each sunrise.

©2023 Dr. Israel Cruz
12/01/23

Abundancia

Recorremos el camino cada día,
En busca de lo que la naturaleza nos ha brindado,
Sin preocupaciones, sin tristeza,
Simplemente disfrutando el presente,
La naturaleza nos ha enriquecido,
Con su don, su fuerza,
Su opulencia, su belleza,
Sin prejuicios ni desdén,
Nos abraza cada amanecer.

©2023 Dr. Israel Cruz
01/12/23

Reflections of a City that Never Sleeps

The city of New York,
its charm is immense,
it offers much to discover,
opportunities to grow.
But it also has its flaws,
which can bring sadness.
People walk lightly,
without seeing others by their side,
wrapped in their own world,
blind to their fleeting life.
The hustle and challenge
of the Big Apple,
the city that never sleeps,
where everything is possible.
Triumphs and sufferings intertwine,
equality and inequality collide,
and loneliness embraces many.

©2023 Dr. Israel Cruz
10/27/23

Reflejos de una Ciudad que Nunca Duerme

La ciudad de Nueva York,
su encanto es grandísimo,
ofrece mucho por descubrir,
oportunidades para crecer.
Pero también tiene sus defectos,
que pueden traer tristeza.
La gente camina ligeramente,
sin ver a otros a su lado,
envueltos en su propio mundo,
ciegos ante su propia vida fugaz.
El ajetreo y desafío
de la gran manzana,
la ciudad que nunca duerme,
donde todo es posible.
Triunfos y sufrimientos se entrelazan,
igualdad y desigualdad chocan,
y la soledad abraza a muchos.

©2023 Dr. Israel Cruz
27/10/23

The Invisible Reality of Helplessness

I have seen you helpless,
Without a home or sustenance,
Among crowds you find yourself,
Invisible to all,

You resort to begging,
It's difficult to ask for help,
They ignore you, they don't see you,
A burden in their eyes,

They are unaware of your story,
Their ignorance is deadly,
They prefer not to look at you,
Without knowing your past,

How sad their ignorance is,
They only care about themselves,
Without considering other beings,
As if they were superior,

Someday they will understand,
Wealth does not make you better,
Your blood is just as red,
You too can fall from the pedestal,
Today you have everything, tomorrow you can lose it all.

©2023 Dr. Israel Cruz
10/27/23

La Invisible Realidad del Desamparo

Desamparado te ha visto,
Sin hogar ni sustento,
Entre multitudes te encuentras,
Invisible para todos,

Recurres a la limosna,
Difícil es pedir ayuda,
Te ignoran, no te ven,
Un estorbo en sus ojos,

Desconocen tu historia,
Su ignorancia es mortal,
Prefieren no mirarte,
Sin conocer tu pasado,

Qué tristeza su ignorancia,
Solo les importa a sí mismos,
Sin considerar a otros seres,
Como si fueran superiores,

Algún día comprenderán,
La riqueza no te hace mejor,
Tu sangre es igual de roja,
También puedes caer del pedestal,
Hoy lo tienes todo, mañana todo lo puedes perder.

©2023 Dr. Israel Cruz
27/10/23

Unleashing the Inner Fire

In the deepest dreams, find the strength,
In every struggle, discover resilience.
With hope in your heart and passion in your gaze,
Success is within reach, never give up, brave soul.

Follow your path with unparalleled determination,
Work to change the world,
Leave a special mark.
Empower yourself and trust your inner power,
Inspiration and greatness await you with love.

Each day, a new opportunity,
To shine with your own light and achieve happiness.
Rise up, with your head held high and without fear,
You are capable of achieving everything, you are exceptional.

©2023 Dr. Israel Cruz
10/25/23

El Despertar del Alma Valiente

En los sueños más profundos, encuentra la fuerza,
En cada lucha, descubre la resiliencia.
Con esperanza en el corazón y pasión en la mirada,
El éxito está al alcance, no te rindas, valiente alma.

Sigue tu camino, con determinación sin igual,
Trabaja para cambiar el mundo,
Deja una huella especial,
Empodérate y confía en tu poder interior,
Inspiración y grandeza, te esperan con amor.

Cada día, una nueva oportunidad,
Para brillar con luz propia y alcanzar la felicidad.
Levántate, con la frente en alto y sin temor,
Eres capaz de logarlo todo, eres excepcional.

©2023 Dr. Israel Cruz
25/10/23

The Desert of Solitude

Hot and exhausting,
it is to walk through the desert,
that desert that lives in your soul,
where loneliness envelops you,
where exhaustion is born from within,
where the heat burns your being deeply.

It is your own desert,
the one that only you have built,
your actions have separated you,
your selfishness has distanced you from others,
you have erected the castle of solitude,
where loneliness dwells that envelops you,
where you will find the place that burns with solitude.

©2023 Dr. Israel Cruz
10/25/23

El Desierto de la Soledad

Caluroso y agotador,
es caminar por el desierto,
ese desierto que vive en tu alma,
donde la soledad te envuelve,
donde el agotamiento nace desde adentro,
donde el calor quema tu ser profundamente.

Es tu propio desierto,
ese que solo tú has construido,
tus acciones te han separado,
tu egoísmo te ha alejado de los demás,
has erigido el castillo de la soledad,
donde habita la soledad que te envuelve,
donde encontrarás el lugar que abrasa la soledad.

©2023 Dr. Israel Cruz
25/10/23

Conquering Shadows

Fear grips you in the morning's light,
Anxiety whispers, burdening your mind,
A chorus of tasks, a symphony of worry,
Time slips away, leaving you behind.

Negativity's shadow obscures your view,
Barriers loom, your abilities concealed,
But fear, my friend, is a deceptive muse,
For within you lies the strength to wield.

Unleash your power, embrace your dreams,
Let doubt and worry fade into the night,
Believe in yourself, your potential gleams,
With dedication, you'll conquer any height.

Release the shackles, let fear be gone,
Take the leap, without fear of falling,
Triumph awaits, it is yours to don,
For you, my dear need to believe and persevere.

©2023 Dr. Israel Cruz
10/22/23

Venciendo al Miedo

Despiertas por la mañana, preocupado,
Cargando en tu mente todo lo que debes hacer,
Repetiendo mentalmente que no hay tiempo suficiente,
Que no tienes ayuda,
Que todos esperan demasiado de ti.

Te enfocas en la negatividad,
Pensando en las barreras, no en tu habilidad,
El miedo te domina sin que te des cuenta,
No te permite ver la realidad,
Tienes el poder y la fuerza para lograr lo que deseas,
Solo tienes que dedicarte a lo que aspiras,
Dejando de lado el miedo, creyendo en ti mismo y en tu potencial,
Así perderás el miedo,
Así tendrás éxito,
Todo depende de ti y de nadie más.

No dejes que el miedo te controle,
Atrévete a volar, sin temor a caer,
El éxito está a tu alcance, lo verás,
Solo tienes que creer y perseverar.

©2023 Dr. Israel Cruz
22/10/23

The Absolute Rest

A weary, exhausted body,
after a rigorous and heavy day,
arduous and draining labor,
longs for absolute rest,
in need of recovery,
to begin anew the next day,
the demanding work.

The only thing you can do,
due to lack of further preparation,
to enter the job market,
not dedicating yourself to academic formation,
only enjoying the moment,
without considering the importance and necessity,
of proper preparation.

If you yearn to succeed in the job market,
obtaining a job that offers you,
greater benefit and satisfaction,
don't waste time,
seize the opportunity,
your academic preparation is the solution,
even if the work is tough,
success will be your reward, your satisfaction.

©2023 Dr. Israel Cruz
10/20/23

El Descanso Absoluto

Cuerpo fatigado, exhausto,
tras un día riguroso y pesado,
labor ardua y agotadora,
anhelas un descanso absoluto,
necesitas recuperación,
para el próximo día reiniciar,
el trabajo extenuante.

Lo único que puedes hacer,
por la falta de mayor preparación,
para ingresar al mercado laboral,
por no dedicarte a la formación académica,
por solo disfrutar el momento,
sin considerar la importancia y necesidad,
de una preparación adecuada.

Si anhelas triunfar en el mercado laboral,
obteniendo un empleo que te brinde,
mayor provecho y satisfacción,
no pierdas el tiempo,
aprovecha la oportunidad,
tu preparación académica es la solución,
aunque el trabajo sea arduo,
el éxito será tu recompensa, será tu satisfacción.

©2023 Dr. Israel Cruz
20/10/23

The Cat with Two Noses

Runs desperately through the field,
Sniffing the air with fervor,
Bright and curious, ceaselessly searching,
His curiosity, his exquisite sense of smell,
His two noses, a special gift,
Does not prevent him from venturing fearlessly,
Even though it would be challenging for many,
He embraces his uniqueness with pride,
And curiously enjoys each step,
The cat with two noses,
Joyfully savoring his day,
A day of unexpected leisure,
Where the sun shines on his fur,
And the flowers bow as he passes,
A being unique in his essence,
The cat with two noses, a poem in itself.

©2023 Dr. Israel Cruz
10/20/23

El Gato de Dos Narices

Corre por el campo desesperado,
Olfateando el aire con fervor,
Luminoso y curioso, busca sin cesar,
Su curiosidad, su olfato exquisito,
Sus dos narices, un don especial,
No le impide aventurarse sin temor,
A pesar de que para muchos sería difícil,
Él acepta su singularidad con orgullo,
Y curiosamente disfruta de cada paso,
El gato con dos narices,
Gozosamente saboreando su día,
Un día de asueto inesperado,
Donde el sol brilla en su pelaje,
Y las flores se inclinan ante su paso,
Un ser único en su esencia,
El gato de dos narices, un poema en sí mismo.

©2023 Dr. Israel Cruz
20/10/23

Good Evening

The night has silently arrived.
To sleep, we all go,
To rest and restore our energy.
Tomorrow, a new day will awaken,
With expected and unexpected adventures
That will guide our being
Along the path of our journey.

©2023 Dr. Israel Cruz
10/11/23

Buenas Noches

La noche ha llegado silenciosamente.
A dormir, todos vamos,
A descansar y restaurar la energía.
Mañana, un nuevo día despertará,
Con aventuras esperadas e inesperadas
Que guiarán nuestro ser
Por el sendero de nuestro camino.

©2023 Dr. Israel Cruz
11/10/23

A Festive Reverie

The night arrived stealthily,
Exhausted from the hard work, I lay down to rest,
Sleep came quickly, taking over my being.

It was a spontaneous journey, without planning,
Immersed in a tour of unknown places,
A long but fleeting journey.

On that journey, I met many people,
All welcomed me kindly,
They were celebrating a party that I couldn't identify.

The celebration was grand, there was everything,
The ground was wet from the recent rain,
But that didn't interrupt everyone's joy.

The conversation flowed full and interesting,
Everyone shared their pleasure with joy,
Smiles, conversations, and the sunset were part of the ambiance.

I woke up from that beautiful dream,
I looked at the horizon, contemplating a new sunrise,
Ready to start another day filled with joy and pleasure.

©2023 Dr. Israel Cruz
10/11/23

Trazos de un Sueño

La noche llegó sigilosa,
Agotado tras el duro trabajo, me acosté a descansar,
El sueño vino rápidamente, dominando mi ser.

Fue un viaje espontáneo, sin planificación,
Sumergido en un recorrido por lugares desconocidos,
Un trayecto largo pero también fugaz.

En ese viaje, conocí a muchas personas,
Todos me recibieron con amabilidad,
Celebraban una fiesta que no logré identificar.

La celebración era grandiosa, había de todo,
El suelo mojado por la reciente lluvia,
Pero eso no interrumpía la alegría de todos.

La conversación fluía plena e interesante,
Todos compartían su placer con alegría,
Sonrisas, charlas y el atardecer eran parte del ambiente.

Desperté de aquel hermoso sueño,
Miré al horizonte, contemplando un nuevo amanecer,
Listo para comenzar otro día lleno de alegría y placer.

©2023 Dr. Israel Cruz
11/10/23

In the Burning Darkness

How palpable is the sadness in the lives of so many,
They can see, but they deny reality,
They hear, but they do not listen to its call,
They feel, but they ignore the pain of others,
They possess smell, but they do not perceive the fragrance that the universe offers us,
They are beings who cling to themselves,
Individuals who shun reality, truth,
Entangled in fanaticism, hatred, resentment, racism, contempt,
Immersed in their own world,
In the burning darkness of their existence.

©2023 Dr. Israel Cruz
10/10/23

En la Ardiente Oscuridad

Cuán palpable es la tristeza en la vida de tantos,
Pueden ver, pero reniegan de la realidad,
Oyen, mas no escuchan su llamado,
Sienten, pero ignoran el dolor ajeno,
Poseen olfato, pero no perciben la fragancia que el universo nos brinda,
Son seres que se aferran a sí mismos,
Individuos que rehúyen la realidad, la verdad,
Enredados en el fanatismo, el odio, el rencor, el racismo, el desprecio,
Sumidos en su propio mundo,
En la ardiente oscuridad de su existencia.

©2023 Dr. Israel Cruz
10/10/23

The Traveler

In the underground, I travel,
Where noise becomes imaginable,
People, noise,
Waiting, delay.

The train overflowing with individuals,
Some polite, others indifferent,
All immersed in their own universe,
Chasing their destiny.

Tolerance rises,
To avoid falling into frustration,
Living together with so many intolerant souls,
Ready to throw their misfortunes.

Meanwhile, it is necessary to maintain calmness, patience, and tolerance,
To reach the designated place,
Serene, without regrets or resentments.

©2023 Dr. Israel Cruz
10/07/23

El Viajero

En el subterráneo viajando,
El bullicio se hace imaginable,
La gente, el ruido,
La espera, el atraso.

El tren rebosante de personas,
Algunas corteses, otras indiferentes,
Todos inmersos en su propio universo,
Persiguiendo su destino.

La tolerancia se erige,
Para evitar caer en frustración,
Al convivir con tantas almas intolerantes,
Dispuestas a arrojar sus desdichas.

Mientras tanto, es necesario mantener la calma, la paciencia y la tolerancia,
Para llegar al lugar designado,
Sereno, sin lamentos ni rencores.

©2023 Dr. Israel Cruz
07/10/23

In the Darkness of the Night

The night has arrived, as expected,
Silently embracing everyone,
Some walk, others rest,
And some, in the park, observe what has happened.

The cool night caresses you,
Like a long-lost friend.
With modesty, it embraces you with warm affection,
Relaxing you until you drift into slumber.

Tomorrow will be another day, full of surprises,
A day of work for many,
A day of rest for others.
Another day to enjoy life,
Which can be short or long.

We do not know what awaits us,
We can only immerse ourselves in the dream,
Enjoy it, for tomorrow will come,
Just as the night has departed.

©2023 Dr. Israel Cruz
10/05/23

En la Oscuridad de la Noche

La noche ha llegado, como era esperado,
Silente envuelve a todos,
Unos caminan, otros reposan,
Y algunos, en el parque, observan lo sucedido.

La noche fresca te acaricia,
Como amiga que no te ha visto.
Con pudor, te abraza con cálido afecto,
Relajándote hasta llevarte al descanso.

Mañana será otro día, lleno de sorpresas,
Un día de trabajo para muchos,
De descanso para otros.
Un día más para disfrutar de la vida,
Que puede ser corta o larga.

No sabemos qué nos depara,
Solo podemos sumergirnos en el sueño,
Disfrutarlo, pues el mañana llegará,
De la misma manera en que la noche se ha marchado.

©2023 Dr. Israel Cruz
05/10/23

Footprints on the Soul

In the embrace of love, I have dwelled,
A journey that my heart knows quite well.
That strange touch of the soul, enduring mark of love,
Leaving traces of a love, unparalleled.

Each heartbeat, a healing balm,
Emotions learned, a tapestry woven calm.
Dreams, the love's radiant glow,
Seams overflowing, love's brilliance did show.

Yet, the path of love is not always smooth,
Parting brings forth sorrow's behoove.
Years have passed, memories persist,
Whispers of joy and lingering pain persist.

Pain, the companion on this path,
A testament to the love we hath.
Time, a gentle healer of hearts,
Softening aches, granting healing parts.

Acceptance and gratitude intertwined,
Lessons learned, yours and mine.
Resilient spirits, embracing change,
Finding solace in what's new and strange.

Huellas en el Alma

En el abrazo del amor, he habitado,
Un viaje que mi corazón conoce muy bien.
Ese toque raro del alma, marca duradera del amor,
Huellas un amor, sin igual.

Cada latido, un ungüento sanador,
Emociones aprendidas, un lienzo tejido.
Sueños, el resplandor del amor,
Costuras desbordantes, amor radiante mostró.

Aún así, el camino del amor no siempre es suave,
Separarse trae tristeza.
Años ha pasó, los recuerdos persisten,
Susurros de alegría y dolor persistente.

Dolor, el compañero en este camino,
Un testimonio del amor concedido.
El tiempo, un suave sanador de corazones,
Suaviza dolores, otorga sanación.

Aceptación y gratitud entrelazadas,
Lecciones aprendidas, tuyas y mías.
Espíritus resilientes, abrazando el cambio,
Encontrando consuelo en lo nuevo y extraño.

Your journey, deserving of grace,
Chasing happiness in its rightful place.
Honoring the heart's desire, seeking more,
Both souls rising higher than before.

The future holds secrets yet untold,
Possibilities waiting to unfold.
Embrace the unknown, let the heart mend,
The journey of love knows no end.

©2023 Dr. Israel Cruz
10/02/23

Tu viaje, merecedor de gracia,
Persiguiendo la felicidad, en su lugar correcto.
Honrando el deseo del corazón, buscando más,
Ambas almas elevándose más alto que antes.

El futuro guarda secretos, sin contar,
Posibilidades esperando desplegarse.
Abraza lo desconocido, deja que el corazón sane,
El viaje del amor no conoce fin.

©2023 Dr. Israel Cruz
02/10/23

The Sun

Under the bright and blue sky,
the sun reveals its radiant face.
Its golden rays, covered in splendor,
ignite our world in an instant.

It shines with strength and determination,
illuminating every corner of the universe.
It is the powerful light of our existence,
the fiery blaze that guides and versifies.

Its gleams embrace our skin,
granting us warmth and energy.
It fills us with strength and power,
in every dawn and dusk that envelops us.

Without it, we would be in darkness,
submerged in a cloak of obscurity.
But it, generous and unreserved,
gifts us its light in absolute abundance.

Its rays fill us with faith and hope,
inspiring us to dream freely.
It is the eternal symbol of trust,
that shows us the path with clarity.

El Sol

Bajo el cielo azul y resplandeciente,
el sol asoma su radiante cara.
Sus rayos, cubiertos de dorado,
encienden nuestro mundo en un instante.

Brilla con fuerza y determinación,
iluminando cada rincón del universo.
Es la poderosa luz de nuestra existencia,
el fuego ardiente que guía y versa.

Sus destellos abrazan nuestra piel,
dándonos calor y energía.
Nos llena de fuerza y poder,
en cada amanecer y atardecer que nos embarga.

Sin él, estaríamos en tinieblas,
sumidos en un manto de oscuridad.
Pero él, generoso y sin reservas,
nos regala su luz de manera absoluta.

Sus rayos nos llenan de fe y esperanza,
nos inspiran a soñar libremente.
Es el símbolo eterno de confianza,
que nos muestra el camino con claridad.

In its eternal dance,
it bestows its splendor.
It envelops us with warmth and solace,
offering us love and passion.

Oh, radiant and majestic sun,
your light illuminates our journey.
You are the source of all that is beautiful,
and in your brilliance, we will always trust.

©2023 Dr. Israel Cruz
10/01/23

En su eterno danzar,
regala su esplendor.
Nos envuelve con calidez y consuelo,
brindándonos amor y pasión.

Oh, sol radiante y majestuoso,
tu luz ilumina nuestro caminar.
Eres la fuente de todo lo hermoso,
y en tu brillo, siempre vamos a confiar.

©2023 Dr. Israel Cruz
01/10/23

The Path of My Life

On the path of my life, I fought relentlessly,
Depressed, tired, angry, without respite.
They spat on me, hit me, humiliated me,
Dragged me on the floor, violated me.

But in my heart, there was always a flame,
That propelled me forward, regardless of the plot or pain,
Against winds and tides, I fought with fervor,
To find peace, love, and valor.

I laughed to avoid crying, faced adversity,
Evil caused doubts, depression, darkness.
The harassment was severe, but the desire to live,
Was much more powerful, made me resist.

I obtained degrees and diplomas, to prove,
That despite everything, I could move forward.
Two master's degrees and a doctorate in hand,
To show the world that I am human.

But tragedy knocked on my door, mercilessly,
I lost loved ones in the darkness.
Still, I kept fighting, never giving up,
Helping others, laughing when I wanted to cry.

El Camino de Mi Vida

En el camino de mi vida, luché sin cesar,
Deprimido, cansado, enojado, sin parar.
Me escupieron, me pegaron, me humillaron,
Me arrastraron por el piso, me violaron.

Pero en mi corazón, siempre hubo una llama,
Que me impulsó a seguir, sin importar la trama ni el dolor,
Contra vientos y mareas, luché con fervor,
Para encontrar la paz, el amor y el valor.

Reí para no llorar, enfrenté la adversidad,
El mal causó dudas, depresión, oscuridad.
El acoso fue grave, pero el deseo de vivir,
Fue mucho más poderoso, me hizo resistir.

Obtuve títulos y diplomas, para demostrar,
Que a pesar de todo, yo podía avanzar.
Dos maestrías y un doctorado en la mano,
Para mostrar al mundo que soy humano.

Pero la tragedia tocó a mi puerta, sin piedad,
Perdí a seres queridos, en la oscuridad.
Aún así, seguí luchando, sin rendirme jamás,
Ayudando a otros, riendo cuando quería llorar.

I walked mountains and plains, without faltering,
To reach the summit, without fear of falling.
But in the end, I wonder if I accomplished my mission,
If I have achieved acceptance, complete union.

I still fight for acceptance,
From those who only see an illusion in me.
But I know in my heart that I am much more,
A brave person, with a tenacious soul.

No matter what they say or think,
I will keep fighting, no matter what comes.
Because in my story, there is strength and resilience,
And even if the world doesn't see it,
I have my existence.

I am more than just another person,
I am a unique and special being,
And even though acceptance may seem like an endless challenge,
I remember that I have within me
an unparalleled power,
And I will continue here, supporting myself with every step of my walk.

©2023 Dr. Israel Cruz
09/30/23

Caminé montañas y llanos, sin desfallecer,
Para llegar a la cumbre, sin temor a caer.
Pero al final, me pregunto si logré mi misión,
Si he alcanzado la aceptación, la plena unión.

Aún sigo luchando por la aceptación,
De aquellos que solo ven en mí una ilusión.
Pero sé en mi corazón que soy mucho más,
Una persona valiente, con un alma tenaz.

No importa lo que digan o piensen,
Seguiré luchando, sin importar lo que venga.
Porque en mi historia hay fuerza y resiliencia,
Y aunque el mundo no lo vea, tengo mi existencia.

Soy más que una persona más, soy un ser único y especial,
Y aunque la aceptación a veces parezca un desafío sin final,
Recuerdo que tengo dentro de mí
un poder sin igual,
Y seguiré aquí, apoyándome en cada paso de mi caminar.

©2023 Dr. Israel Cruz
30/09/23

The Little Bird

In a cozy nest, a little bird yearned
for adventures and places to explore,
its small wings longed to fly
in search of an infinite world, without pause.

With bravery and curiosity,
it decided to leave its nest, its usual place.
It flew with joy, without thinking of the danger,
until it fell into a pool, unable to swim.

Its wings got wet, its body trembled,
stress and suffering invaded it relentlessly.
But at that moment, a miracle occurred,
when the owner of the house found the little bird.

With quickness and love, they took action without hesitation,
rescued the little one, saving its life.
They cared for it and protected it until it could fly,
back to its nest, where it was meant to be.

The bird grew, its wings grew stronger,
and in full freedom, it flew with joy,
until it disappeared into the infinite,
a happy ending, full of hope and life.

El Pequeño Pajarito

En un nido acogedor, un pajarito anhelaba
aventuras y lugares por explorar;
sus alas pequeñas deseaban volar
en busca de un mundo infinito, sin cesar.

Con valentía y curiosidad,
decidió dejar su nido, su lugar habitual.
Voló con alegría, sin pensar en el peligro,
hasta que cayó en una piscina, sin poder nadar.

Sus alas se mojaron, su cuerpo temblaba,
el estrés y el sufrimiento lo invadían sin cesar.
Pero en ese momento, un milagro ocurrió,
cuando el dueño de la casa al pajarito encontró.

Con rapidez y amor, tomó acción sin dudar,
rescató al pequeño, su vida pudo salvar.
Lo cuidó y protegió hasta que pudo volar,
de vuelta a su nido, donde debía estar.

El pajarito creció, sus alas se fortalecieron,
y en plena libertad, voló con alegría,
hasta que desapareció en el infinito,
un final feliz, lleno de esperanza y vida.

That is the story of the brave little bird,
who found its salvation in an owner,
a lesson of love and compassion,
that teaches us there is always a solution.

©2023 Dr. Israel Cruz
09/27/23

Así es la historia del pajarito valiente,
que encontró en un dueño su salvación,
una lección de amor y compasión,
que nos enseña que siempre hay solución.

©2023 Dr. Israel Cruz
27/09/23

Our Anniversary

In the tangled intricacies of time,
A love story began, so exalted.
Nine years of laughter, tears, and cheer,
Together, through each challenge, my dear.

Through the storms and the brightest skies,
We stood strong,
Good news and bad, we faced as one,
Our hearts entwined, together we have won.

In the moments of joy, we danced, laughed,
And in sorrow, we found solace and comfort,
Through ups and downs, we held each other tight,
A beacon of love in the darkest night.

Today, we celebrate a milestone so grand,
Nine years of love, hand in hand.
With every passing year, our bond grows strong,
Together, until the end, where we belong.

Here's to the memories we have yet to make,
And the love that only time can't break.
Happy 9th anniversary, my love, my friend,
Forever and always, our story shall transcend.

©2023 Dr. Israel Cruz
09/26/23

Nuestro Aniversario

En las intrincadas complejidades del tiempo,
Una historia de amor comenzó, tan exaltada.
Han pasado nueve años de risas, lágrimas y alegría,
Juntos, superando cada desafío.

A través de las tormentas y los cielos más brillantes,
Mantuvimos nuestra fortaleza.
Buenas noticias y malas, enfrentamos como uno solo,
Nuestros corazones entrelazados, juntos hemos ganado.

En los momentos de alegría, bailamos, reímos,
Y en la tristeza, encontramos consuelo y calma,
A través de altibajos, nos aferramos el uno al otro,
Un faro de amor en la noche más oscura.

Hoy celebramos un hito tan grandioso,
Nueve años de amor, mano a mano.
Con cada año que pasa, nuestro vínculo se fortalece,
Juntos, hasta el final, donde pertenecemos.

Aquí están los recuerdos que aún tenemos por hacer,
Y el amor que solo el tiempo no puede romper.
Feliz noveno aniversario, mi amor, mi amigo,
Por siempre y siempre, nuestra historia trascenderá.

©2023 Dr. Israel Cruz
26/09/23

The Journey of Love

In the depths of the embrace of love, I have dwelled,
A journey that my heart knows well.
Transformed by the touch of a rare soul,
Leaving traces of an unparalleled love.

With each beat, a healing balm brought,
A tapestry of emotions, a lesson taught.
Inspired, I flew on wings of dreams,
The radiant light of love overflowing at the seams.

But the path of love is not always smooth,
And parting brings sadness, I beg you.
A year has passed, but the memories remain,
Whispering echoes of joy and pain.

Grief, a companion on this winding road,
A testament to a love once bestowed.
Yet time, the gentle healer of hearts,
Can soothe the sorrow, as it heals the wounds.

Acceptance and gratitude intertwine,
For the lessons of love, both yours and mine.
Resilient spirits, we embrace the change,
Seeking solace in the new and strange.

El Viaje del Amor

En la profundidad del abrazo del amor he habitado,
Un viaje que mi corazón conoce bien.
Transformado por el toque de un alma rara,
Dejando huellas de un amor sin igual.

Con cada latido, un bálsamo curativo trajo,
Un tapiz de emociones, una lección enseñada.
Inspirado, volé en alas de sueños,
La luz radiante del amor desbordando las costuras.

Pero, el camino del amor no siempre es suave,
Y el separarnos trae tristeza, te lo ruego.
Un año ha pasado, pero los recuerdos aún están,
Susurrando ecos de alegría y dolor.

El duelo, un compañero en este camino sinuoso,
Un testimonio de un amor una vez concedido.
Sin embargo, el tiempo, el suave reparador de corazones,
Puede suavizar la pena, mientras sana la herida.

La aceptación y la gratitud se entrelazan,
Por las lecciones del amor, tanto tuyas como mías.
Espíritus resilientes, abrazamos el cambio,
Buscando consuelo en lo nuevo y extraño.

Your journey, dear one, deserves its own grace,
Chasing happiness, in its rightful place.
Honoring the path of your heart's desire,
Allowing both souls to soar higher and higher.

Take care of yourself, let self-love bloom,
In the embrace of joy, release the gloom.
For though the flame of love may flicker and fade,
A new love can find you, unafraid.

The future holds secrets yet untold,
With possibilities waiting to unfold.
Embrace the unknown, let your heart mend,
For the journey of love knows no end.

In this tapestry of life, love is the thread,
Weaving stories that transcend, never dead.
So, dear friend, let your heart be free,
The sweet whispers of love can still find thee.

©2023 Dr. Israel Cruz
09/24/23

Tu viaje, querido, merece su propia gracia,
Persiguiendo la felicidad, en su lugar correcto.
Honrando el camino del deseo de tu corazón,
Permitiendo que ambas almas se eleven más y más alto.

Cuida de ti mismo, deja que el amor propio florezca,
En el abrazo de la alegría, libera la tristeza,
Pues aunque la llama del amor pueda titubear y desvanecerse,
Un nuevo amor puede encontrarte, sin miedo.

El futuro guarda secretos aún no contados,
Con posibilidades esperando desplegarse,
Abraza lo desconocido, permite que tu corazón se cure,
Pues el viaje del amor no conoce fin.

En este tapiz de la vida, el amor es el hilo,
Tejiendo historias que trascienden, nunca muertas,
Así que, querido amigo, deja que tu corazón sea libre,
Los dulces susurros del amor pueden encontrarte aún.

©2023 Dr. Israel Cruz
24/09/23

Solitude

Solitude delicately knocks at your door,
in an unexpected and astonishing instant.
Accompanied by indelible memories that traverse the mind
like a never-seen-before film.

Those memories bring with them joy and sadness,
enveloping the soul in a melancholic embrace.
Solitude has arrived and stayed,
only the coveted dream can separate
that emptiness it brings along,
that solitude that wraps you in its cloak.

©2023 Dr. Israel Cruz
09/23/23

La Soledad

La soledad golpea delicadamente a tu puerta,
en un instante inesperado y sorprendente.
Acompañada de memorias imborrables que atraviesan la mente
como una película jamás vista.

Esas memorias traen consigo alegrías y tristezas,
envolviendo el alma en un abrazo melancólico.
La soledad ha llegado y se ha quedado,
solo el anhelado sueño puede separar
ese vacío que trae consigo,
esa soledad que te envuelve con su manto.

©2023 Dr. Israel Cruz
23/09/23

Kent

In the land of gentle hills and beautiful meadows,
There lies a town with unmatched charm.
Kent, Connecticut, a refuge of delight,
Where the beauty of nature dances day and night.

Among the rolling and serene landscapes,
One can often appreciate nature's masterpiece.
The rural scenery, the Housatonic River, Kent Falls' cascades, and tall forests,
Kent's rural beauty envelops us all.

Art galleries found in the town,
Where talents thrive and creativity is found.
Colors on canvases, inspiring sculptures,
A haven for art lovers to admire.

Refined culinary experiences, a culinary delight,
Where flavors blend and palates take flight.
From farm to table, the freshest foods,
Kent's cuisine is unparalleled.

A relaxed ambiance fills the air,
Where worries are left behind.
A community that embraces you warmly,
A sense of belonging, a grace.

Kent

En la tierra de colinas suaves y prados hermosos,
Se encuentra un pueblo con un encanto sin igual.
Kent, Connecticut, un refugio de deleite,
Donde la belleza de la naturaleza danza día y noche.

Entre los paisajes ondulantes y serenos,
A menudo se puede apreciar la obra maestra de la naturaleza.
El paisaje rural, el río Housatonic, las cascadas de Kent Falls y los altos bosques,
La belleza rural de Kent nos envuelve a todos.

Las galerías de arte que encuentras en el pueblo,
Donde los talentos prosperan y la creatividad se encuentra.
Colores en lienzos, esculturas que inspiran,
Un refugio para los amantes del arte para admirar.

Experiencias gastronómicas refinadas, un deleite culinario,
Donde los sabores se mezclan y los paladares vuelan.
De la granja a la mesa, los alimentos más frescos,
La cocina de Kent no tiene comparación.

Un ambiente relajado llena el aire,
Donde las preocupaciones se dejan atrás.
Una comunidad que te da un cálido abrazo,
Una sensación de pertenencia, una gracia.

Distinctive pleasures await at every corner,
From walking trails to peaceful rivers to yearn for.
A place to escape, find solace and peace,
In Kent, tranquility never ceases.

Traveler, let your soul be free,
Discover the wonders of Kent, Connecticut.
Embrace the natural beauty, art, cuisine,
And feel the serene harmony this town offers.

©2023 Dr. Israel Cruz
09/20/23

Placeres distintivos esperan en cada esquina,
Desde senderos para caminar hasta ríos pacíficos que anhelar.
Un lugar para escapar, encontrar consuelo y paz,
En Kent, la tranquilidad nunca cesa.

Viajero, deja que tu alma sea libre,
Descubre las maravillas de Kent, Connecticut.
Abraza la belleza natural, el arte, la cocina,
Y siente la armonía serena que este pueblo ofrece.

©2023 Dr. Israel Cruz
20/09/23

Izzy

In the tapestry of life, a story unfolds,
Of a journey traveled, of stories untold.
From childhood's embrace to adolescent dreams,
Through the trials and triumphs, so it seems.

A canvas painted with hues of delight,
And shadows that danced in the moon's soft light.
A symphony playing, a melody sweet,
As life's melody shaped each heartwarming beat.

From the innocence of youth, carefree and wild,
To the challenges faced, with courage compiled.
Adulthood beckoned, with its trials and tests,
Yet you persevered, for you knew you were blessed.

Education became your guiding star,
A path paved with knowledge, near and far.
A bachelor's degree, the first step you took,
Two masters followed, like pages in a book.

A doctorate adorned your crown with pride,
A testament to the depths of your stride.
Through years of hard work, you carved your own way,
Helping others, shining bright like a sunray.

Izzy

En el tapiz de la vida, una historia se despliega,
De un viaje recorrido, de historias no contadas.
Desde el abrazo de la infancia a los sueños adolescentes,
A través de las pruebas y los triunfos, así parece.

Un lienzo pintado con tonos de deleite,
Y sombras que bailaban a la suave luz de la luna,
Una sinfonía tocando, una melodía dulce,
Mientras la melodía de la vida moldeaba cada latido reconfortante.

Desde la inocencia de la juventud, despreocupada y salvaje,
Hasta los desafíos enfrentados, con coraje acumulado,
La adultez llamaba, con sus pruebas y exámenes,
Pero perseveraste, porque sabías que eras bendecido.

La educación se convirtió en tu estrella guía,
Un camino pavimentado con conocimiento, cerca y lejos.
Un título universitario, el primer paso que diste,
Dos maestrías siguieron, como páginas en un libro.

Un doctorado adornó tu corona con orgullo,
Un testimonio de la profundidad de tu avance.
A través de años de duro trabajo, tallaste tu propio camino,
Ayudando a otros, brillando como un rayo de sol.

For thirty-three years, dedication unswayed,
A beacon of hope in the lives you portrayed.
Through hardships and hard times, you stood ever strong,
A pillar of strength when things went wrong.

Accomplishments adorned your life's grand stage,
Each milestone a testament, like words on a page.
But it wasn't just titles or accolades amassed,
It was the lives you touched, the love that surpassed.

And as the years passed, like sand through an hourglass,
You embarked on a new adventure, free from the past.
Traveling the world, with wanderlust in your eyes,
Exploring new horizons beneath vast open skies.

Retirement came knocking, a well-deserved rest,
A time to reflect on a life truly blessed.
Ten years of serenity, a chapter of peace,
A chance to embrace life's sweet release.

Oh, the tapestry woven, so vivid and grand,
Each thread a testament to where you now stand.
From childhood to retirement, a journey complete,
Embracing life's blessings, with a heart replete.

So let the world know of the life you have led,
Of the happiness and contempt that now tightly thread.
For in the tapestry of life, you've left your mark,
A life well-lived, an eternal spark.

©2023 Dr. Israel Cruz
09/18/23

Durante treinta y tres años, dedicación inquebrantable,
Un faro de esperanza en las vidas que retratabas.
A través de dificultades y momentos difíciles, te mantuviste fuerte,
Un pilar de fortaleza cuando las cosas salieron mal.

Los logros adornaron el gran escenario de tu vida,
Cada hito un testimonio, como palabras en una página.
Pero no eran solo títulos o reconocimientos acumulados,
Eran las vidas que tocaste, el amor que sobrepasó.

Y mientras los años pasaban, como arena en un reloj de arena,
Emprendiste una nueva aventura, libre del pasado.
Viajando por el mundo, con anhelo de exploración en tus ojos,
Explorando nuevos horizontes bajo los vastos cielos abiertos.

La jubilación llamó a la puerta, un merecido descanso,
Un tiempo para reflexionar sobre una vida verdaderamente bendecida.
Diez años de serenidad, un capítulo de paz,
Una oportunidad para abrazar la dulce liberación de la vida.

Oh, el tapiz tejido, tan vívido y grandioso,
Cada hilo un testimonio de donde te encuentras ahora.
Desde la infancia hasta la jubilación, un viaje completo,
Abrazando las bendiciones de la vida, con un corazón pleno.

Entonces, hagamos saber al mundo de la vida que has llevado,
De la felicidad y la satisfacción que ahora se entrelazan firmemente.
Porque en el tapiz de la vida, has dejado tu huella,
Una vida bien vivida, una chispa eterna.

©2023 Dr. Israel Cruz
18/09/23

The Hypocrisy of the Religious

You consider yourself devout in your faith,
Judging those who do not share your belief,
Condemning abortion and its supporters,
Supporting firearms,
Defending the death penalty,
Preaching separation and exclusion,
Censoring gays, transgender individuals, and others you deem different,
You have forgotten the commandments to love your neighbor as yourself,
To not judge or lie, among others you have cast aside,
Remember that your day of judgment will come,
Do not wait until it's too late,
Reflect and refrain from judging to avoid being judged.

© 2023 Dr. Israel Cruz
09/18/23

La Hipocresía del Religioso

Te consideras devoto en tu fe,
Juzgas a quienes no comparten tu creencia,
Condenas el aborto y a quienes lo apoyan,
Apoyas las armas de fuego,
Defiendes la pena de muerte,
Predicas la separación y la exclusión,
Censuras a los gays, transgénero y a otros que consideras diferentes,
Has olvidado los mandamientos de amar al prójimo como a ti mismo,
De no juzgar ni mentir, entre otros que has dejado de lado,
Recuerda que llegará tu día de juicio,
No esperes a que sea demasiado tarde,
Reflexiona y no juzgues para no ser juzgado.

©2023 Dr. Israel Cruz
18/09/23

Walter

In a world of fun, happy and sly,
There's a boy who's turning three, oh my!
With eyes that sparkle, bright and clear,
He explores the world, without any fear.

He likes to be alone, a gentle friend,
Watching and thinking, his thoughts don't end.
In his own little world, he's happy and free,
Enjoying the quiet, just like you and me.

He likes many things, big and small,
Building blocks and playing with sand, most of all.
He follows his heart, with joy and cheer,
Doing what he loves, without any fear.

With a kind heart, he knows what's right,
To do what he loves, and let go of the fight.
He dances to his own beat, a song inside,
Finding his own special art, with pride.

Let's celebrate this boy so fine,
A little explorer, his mind does shine.
As he turns three, let's cheer and play,
In his world of wonder, forevermore.
Happy Birthday, Walter!

©2023 Dr. Israel Cruz
09/09/2023

Walter

En un mundo divertido, alegre y astuto,
hay un niño que cumple tres años, ¡oh cielos!
Con ojos que centellean, brillantes y claros,
explora el mundo sin ningún temor.

Le gusta estar solo, un amigo amable,
observando y pensando, sus pensamientos no se acaban.
En su pequeño mundo, es feliz y libre,
disfrutando del silencio, como tú y como yo.

Le gustan muchas cosas, grandes y pequeñas,
construir bloques y jugar con arena, sobre todo.
Sigue su corazón, con alegría y entusiasmo,
haciendo lo que ama, sin ningún miedo.

Con un corazón amable, sabe lo que está bien,
hacer lo que ama y dejar atrás la lucha.
Baila al ritmo de su propia melodía, una canción interior,
encontrando su propio arte especial, con orgullo.

Celebremos a este niño tan maravilloso,
un pequeño explorador, su mente brilla.
Mientras cumple tres años, aplaudamos y juguemos,
en su mundo de maravillas, por siempre más.
¡Feliz cumpleaños, Walter!

©2023 Dr. Israel Cruz
09/09/2023

Whispers of Sorrow

With every beat of my heart,
Sadness has become my constant companion,
A haunting shadow that never lets go,
Amidst the encompassing darkness,
My soul yearns for a glimmer of light,
To heal the wounds concealed since childhood.

In each tear I shed,
There lies a strength that fortifies me,
A determination that empowers my spirit.
Pain may burden me with its weight,
Yet it also fuels my resilience.

Amidst life's tempests,
My soul seeks solace in the realm of poetry,
In words that give voice to my anguish,
In art that allows my emotions to flow.

The overwhelming sadness within,
Serves as a poignant reminder,
That I am both strong and courageous,
That even amidst the deepest abyss,
I can discover the solace of beauty and hope.

In silent tears, I shall persist,
Allowing them to be the ink of my verses,
Finding solace within my sorrow,
And transforming my pain into poetry.

© 2023 Dr. Israel Cruz
08/26/2023

La Tristeza Transformada

Con cada latido de mi corazón,
la tristeza se ha convertido en mi compañera,
sombra que me persigue sin parar,
a pesar de la oscuridad que me envuelve,
mi alma lucha por encontrar la luz,
para sanar las heridas que desde la niñez he ocultado.

En cada lágrima derramada,
hay una fuerza que me fortalece,
una determinación que me hace más fuerte.
El dolor puede ser el peso que me arrastra,
pero también es la fuerza que me impulsa a no rendirme.

A través de las tormentas de la vida,
mi alma encuentra refugio en la poesía,
en las palabras que dan voz a mi dolor,
en el arte que me permite expresar mis sentimientos.

La tristeza del alma puede ser abrumadora,
también es un recordatorio,
de que soy fuerte y valiente,
de que incluso en la oscuridad más profunda,
puedo encontrar el refugio de la belleza y la esperanza.

Seguiré llorando en silencio,
dejando que mis lágrimas sean la tinta de mis versos,
encontrando consuelo en la melancolía,
y transformando mi tristeza en poesía.

©2023 Dr. Israel Cruz
26/08/2023

Breaking the Chains of Fanaticism

In the world of politics,
where power is money
an evil is brewing that afflicts us all,
the fanaticism that pesters us.

Politicians, with their speeches,
seek to conquer the masses,
manipulating their minds
with promises that are faithless.

Fanaticism awakens,
in the blind followers,
who do not question or think,
and are carried away by what they hear.

They cling to empty words,
of unscrupulous leaders,
who only seek to benefit,
regardless of the damage they cause.

Fanaticism clouds reason,
and divides into opposite factions,
creating conflicts and tensions,
in a country altered in itself.

El Fanatismo Político

En el mundo de la política,
donde el poder es el dinero,
se gesta un mal que nos aflige,
el fanatismo que nos hostiga.

Los políticos, con sus discursos,
buscan conquistar a las masas,
manipulando sus mentes,
con promesas que son falsas.

El fanatismo se despierta,
en los ciegos seguidores,
que no cuestionan ni piensan,
se dejan llevar por lo que oyen.

Se aferran a las palabras vacías,
de líderes sin escrúpulos,
que sólo buscan su beneficio,
sin importarle el daño que causan.

El fanatismo nubla la razón,
y nos divide en bandos opuestos,
creando conflictos y tensiones,
en un país ya de por sí alterado.

Politicians use fanaticism,
as a control tool
manipulating emotions,
and sowing hatred in every place.

We have to be aware,
not to fall into the bottomless chasm,
not be carried away by fanaticism,
and seek the truth with optimism.

Let's not follow blind politicians,
that push us into the abyss,
Let's seek unity and understanding,
And leave fanaticism behind.

Only then can we build,
a more just and equitable world,
where fanaticism is eradicated,
and politicians work for the collective good for all.

©2023 Dr. Israel Cruz
08/24/2023

Los políticos usan el fanatismo,
como herramienta de control,
manipulando las emociones,
y sembrando odio en cada rincón.

Debemos ser conscientes,
de no caer en ese abismo,
no dejarnos llevar por el fanatismo,
y buscar la verdad con optimismo.

No sigamos a los políticos ciegos,
que nos empujan al abismo,
busquemos la unidad y el entendimiento,
y dejemos atrás el fanatismo.

Solo así podremos construir,
un mundo más justo y equitativo,
donde el fanatismo sea erradicado,
y los políticos trabajcn por cl bicn colcctivo.

©2023 Dr. Israel Cruz
24/08//2023

The Nameless Count

There's a nameless count,
Blending in with his people, unrecognized.
He seeks neither publicity nor excessive power,
Just the love and affection of his united town.

With humility and virtue, he walks among his people,
Listening to their sorrows, sharing their joys.
No gestures of disdain, no cold glances,
Only sensitivity and words that touch the heart.

He's kind and affectionate, with a sincere heart,
Always ready to extend a helping hand.
In his voice, one can perceive the warmth he carries,
And in his gaze, the respect he carefully nurtures.

The count doesn't seek titles or wealth,
His greatest treasure is the love of his people.
And though his identity remains hidden,
His presence illuminates his people.

The count doesn't need recognition,
His humility and goodness are his greatest wealth.
In the hearts of his people, he is eternal,
The count who blends in, is kind, and is loved.

©2023 Dr. Israel Cruz
08/24/2023

El Conde Sin Nombre

Hay un conde sin nombre,
que se funde con su gente, sin ser reconocido.
No busca la publicidad ni el poder excesivo,
solo busca el amor y el cariño de su pueblo unidos .

Con humildad y virtud, camina entre su gente,
escucha sus penas, comparte sus alegrías.
Ningún gesto de desprecio, ni miradas frías,
sólo sensibilidad y palabras que el corazón tocan.

Es amable y cariñoso, de corazón sincero,
siempre dispuesto a tender una mano amiga.
En su voz se percibe la dulzura que abriga,
y en su mirada, el respeto que le esmera.

El conde no busca títulos ni riquezas,
su mayor tesoro es el amor de su pueblo,
Y aunque su identidad se encuentra oculta,
su presencia ilumina su gente.

El no necesita ser reconocido,
su humildad y bondad son su mayores tesoros.
En el corazón de su gente, el es eterno,
el conde que se funde, es amable y es amado.

©2023 Dr. Israel Cruz
24/08/2023

My Body

My body speaks in whispers of tenderness,
revealing its vulnerability and weakness.
A language known only to me,
a secret dialogue between body and soul.

Exhaling tiredness at day's end,
it whispers with joy when guided by the sun.
My body, a living, radiant and vibrant poem,
telling stories with every throb and hum.

Its hands, verses that caressing the air,
its feet, stanzas dancing without a care.
Writing poems in each movement,
every gesture, sigh, and breath, a testament.

Some days, my body screams in pain,
words of fatigue and strain.
Some days it speaks in silence,
seeking attention, a breath of intense.

Speaking in languages only I comprehend,
even in harsh tones, I will always defend.
Responding with love and gratitude,
for it is my vessel, my precious fortitude.

©2023 Dr. Israel Cruz
08/24/2023

Mi Cuerpo

Mi cuerpo habla en susurros de ternura,
susurros que revelan su debilidad.
Es un lenguaje que comprendo,
un diálogo secreto entre él y mi ser.

Exhalación de cansancio al final del día,
murmullo de alegría cuando el sol me guía.
Mi cuerpo es un poema vivo, radiante y vibrante,
que me cuenta historias con cada palpitante instante.

Sus manos son caricias que acarician el aire,
sus pies, estrofas que bailan sin cesar.
Mi cuerpo escribe sus poemas en cada movimiento,
en cada gesto, en cada suspiro, en cada aliento.

También hay días que mi cuerpo grita,
sus palabras son de dolor y fatiga.
Son días que siento me habla en silencio,
buscando mi atención, pidiendo un respiro intenso.

Mi cuerpo habla en idiomas que solo yo comprendo,
y aunque a veces me hable en un lenguaje rudo,
siempre le responderé con amor y gratitud,
porque es en él que habito, es mi más preciado tesoro.

©2023 Dr. Israel Cruz
24/08/2023

The Privileged

In a world of abundance and wealth,
He was born into privilege, free from poverty,
With access to all resources at his disposal,
His education came from the finest academic institutions.

He was taught to value,
The opportunities his social position offered,
And to understand that privilege,
Does not make him superior to others.

He learned to look beyond himself,
Recognizing that not everything revolves around his own desires,
To be mindful of the less fortunate,
And to work towards a world of equality.

He was not sheltered from reality,
But exposed to the struggles of the less fortunate,
So that he would never forget the lessons learned.

Access to knowledge was not denied,
But he was taught to use it responsibly,
Not to oppress or discriminate,
But to build and uplift others.

El Privilegiado

En un mundo de abundancia y riqueza,
Nació un privilegiado sin pobreza,
Con todos los recursos a su disposición,
Su educación vendría de la mejor institución.

Le enseñaron a valorar,
Las oportunidades que le brindaba su posición social,
También a entender que el privilegio,
No lo convertía en alguien superior al resto.

Le enseñaron a mirar más allá de sí mismo,
A comprender que no todo se reduce a su egoísmo,
A ser consciente de los menos privilegiados,
A trabajar por un mundo de igualdades.

No, le permitieron vivir en una burbuja,
Donde solo se encontrara con su propia lucha,
Se le mostró la realidad de los menos afortunados,
Para que nunca olvidara lo que había aprendido.

No se le negó el acceso al conocimiento,
Se le enseñó a usarlo con buen juicio,
A no emplearlo para oprimir o discriminar,
Sino para construir y ayudar a los demás.

He embraced humility and his own humanity,
Using his position to drive positive change,
Fighting for justice and the common good,
To construct a more equitable and thriving world.

©2023 Dr. Israel Cruz
08/21/2023

Aprendió a ser humilde, a ser humano,
A usar su posición para generar cambios,
A luchar por la justicia y el bienestar común,
A construir un mundo más equitativo y sano.

©2023 Dr. Israel Cruz
21/08/2023

Hidden Love

You keep your love hidden,
Though I sense it within,
I yearn to hear it spoken,
To assure me of the love you hold within.

Your gestures speak volumes,
Your intense gaze, brimming with passion,
your stifled sighs,
They convey more than words without ration.

This enigma baffles me.
This love concealed, inexplicable,
It makes me question your intentions,
Is it really love or just a game, improbable?

I urge you to find the courage to say,
To unleash your suppressed emotions,
To cease concealing this love so deep,
That silently blossoms within your heart's oceans.

I comprehend your fears, your hesitations,
The dread of rejection or pain,
For now, I patiently wait,
For you to reveal this hidden love, unexplained.

©2023 Dr. Israel Cruz
08/20/2023

El Amor Oculto

Tu amor permanece oculto,
Sé que me amas aunque no lo expresas,
Aun así, deseo escucharlo de tus labios,
Así estaré seguro de tu amor reservado para mí.

Tus acciones me delatan,
Tu mirada intensa, llena de pasión,
Tus suspiros disimulados,
Hablan más que palabras sin razón.

Esta situación me confunde,
Este amor oculto que no se puede explicar,
Me hace cuestionar tus intenciones,
Si es realmente amor o solo un juego de engaño.

Desearía que te atrevieras a decirlo,
A liberar tus sentimientos reprimidos,
A dejar de ocultar ese amor tan profundo,
Que en silencio ha florecido en tu corazón.

Comprendo tus miedos, tus reservas,
El temor de ser rechazado o herido,
Por ahora, seguiré esperando paciente,
A que decidas revelar ese amor escondido.

©2023 Dr. Israel Cruz
20/08/23

Friend

On a sunny and radiant day,
I found a new companion,
His bright eyes and sincere gaze,
His infectious smile, full of true joy.

We shared jokes and laughter,
Walked on narrow paths,
Discovering the world with curiosity,
Building a friendship of quality.

We supported each other in difficult times,
Celebrated the subtlest achievements,
We listened to each other with patience and compassion,
Providing comfort in every situation.

In his words, I find solace,
In his presence, a refuge in sleeplessness,
A good friend, a loyal companion,
Who illuminates my life with his light and love.

Thank you, friend, for being here,
For being my support in challenging days,
For being a ray of sunshine on my path,
For being my confidant, my divine support.

Amigo

En un día soleado y radiante,
Encontré un nuevo compañero,
Sus ojos brillantes y su mirada sincera,
Su sonrisa contagiosa, llena de alegría verdadera.

Compartimos bromas y risas,
Caminamos por senderos estrechos,
Descubriendo el mundo con curiosidad,
Construyendo una amistad de calidad.

Nos apoyamos en momentos difíciles,
Celebramos los logros más sutiles,
Nos escuchamos con paciencia y compasión,
Brindando consuelo en cada situación.

En sus palabras encuentro consuelo,
En su presencia, un refugio en el desvelo,
Un buen amigo, un compañero fiel,
Que ilumina mi vida con su luz y su querer.

Gracias, amigo, por estar aquí,
Por ser mi sostén en días de desafío,
Por ser un rayo de sol en mi camino,
Por ser mi confidente, mi apoyo divino.

May this friendship last forever,
May our bonds strengthen and remain,
A new friend, a gift from destiny,
A blessing that I will always cherish with affection.

©2023 Dr. Israel Cruz
08/20/2023

Que esta amistad perdure por siempre,
Que nuestros lazos se fortalezcan y mantengan,
Un nuevo amigo, un regalo del destino,
Una bendición que siempre agradeceré con cariño.

©2023 Dr. Israel Cruz
20/08/2023

The Sadness of the Soul

The sadness of the soul is hard to describe,
In this battle, you are not alone,
You can find relief and live your life.

The abuse suffered leaves a deep wound,
That you carry with you day after day,
You are brave and strong, deserving to find joy.

You are not guilty of what happened,
No matter what others say,
Do not let anyone define you.

Time can heal wounds,
Some may linger,
Do not be afraid to seek help.

You are not alone in this fight,
Others have gone through the same,
Walk the path of your own life.

The sadness of the soul is overwhelming,
Do not let the past define you,
Seek the joy you deserve without fear of judgment.

©2023 Dr. Israel Cruz
08/19/2023

La Tristeza del Alma

La tristeza del alma es difícil de describir,
En esta batalla no estás solo,
Puedes encontrar alivio y vivir tu vida.

El abuso sufrido deja una herida profunda,
Que cargas contigo día tras día,
Eres valiente y fuerte, mereces encontrar la alegría.

No eres culpable de lo ocurrido,
No importa lo que los demás digan,
No permitas que nadie te defina.

El tiempo puede sanar heridas,
Algunas pueden perdurar,
No temas buscar ayuda,

No estás solo en esta lucha,
Otros han pasado por lo mismo,
Camina por el sendero de tu propia vida.

La tristeza del alma es abrumadora,
No permitas que el pasado te defina,
Busca la alegría que te mereces sin temor al juicio ajeno.

©2023 Dr. Israel Cruz
19/08/2023

Incalculable Abuse

The soul cries in silence,
The suffering does not cease,
The immense pain,
That weighs heavy to remember.

The abuse you subjected me to,
At an age I could not comprehend,
What you did caused me great harm,
The endured pain does not cease to persist.

You are guilty of that act,
Even if you do not want to admit it,
You think I have forgotten,
You think I cannot remember.

I was just a child when you abused me,
I was just a child who could not resist,
Today I recall that event,
Even if I wanted to forget it and flee.

Although the years have passed,
Nightmares come and go,
That event is still engraved in my mind,
Even if I only wish to escape.

©2023 Dr. Israel Cruz
08/19/2023

Abuso Incalculable

El alma llora en silencio,
No cesa de sufrir,
El dolor inmenso,
Que pesa recordar.

El abuso al que me sometiste,
A una edad que no podía entender,
Lo que hiciste me causó un gran daño,
El dolor sufrido no deja de persistir.

Eres culpable de ese acto,
Aunque no quieras admitirlo,
Crees que se me ha olvidado,
Crees que no puedo recordarlo.

Era solo un niño cuando me abusaste,
Era solo un niño que no sabía resistir,
Hoy rememoro ese suceso,
Aunque quisiera olvidarlo y huir.

Aunque los años han pasado,
Las pesadillas vienen y van,
Ese evento sigue grabado en mi mente,
Aunque solo desee escapar.

©2023 Dr. Israel Cruz
19/08/2023

The Last Night

In every glance, nostalgia is reflected,
in every word, melancholy is heard.
We know that tonight will be the last,
we want to savor it without haste.

We remember days of laughter and joy,
the tears, too, that we once shed.
Shared dreams, goals achieved,
the obstacles we overcame together.

We relive disagreements and miss connections,
the wounds that opened in our hearts.
Although it hurts, we know they also played a part,
in our journey and our growth.

This last night, the final embrace,
we feel time running, unable to stop it.
In this farewell, there's no room for regrets,
we just want to celebrate what we've lived, without wasting time.

Even if it's the last night we share,
we'll always be united in memory.
Our love transcends time and space,
in every heartbeat, we'll always be connected.

La Última Noche

En cada mirada, se refleja la nostalgia,
en cada palabra, se escucha la melancolía.
Sabemos que esta noche será la última,
queremos disfrutarla sin prisa.

Recordamos los días de risas y alegría,
las lágrimas también, que una vez derramamos.
Los sueños compartidos, las metas alcanzadas,
los obstáculos que juntos superamos.

Revivimos desacuerdos y desencuentros,
las heridas que se abrieron en el corazón.
Aunque duela, sabemos que también formaron parte,
de nuestro camino y nuestra evolución.

Esta última noche, el último abrazo,
sentimos el tiempo correr, sin poder detenerlo.
En esta despedida, no hay espacio para lamentos,
solo queremos celebrar lo vivido, sin perder tiempo.

Aunque sea la última noche que compartamos,
siempre estaremos unidos en el recuerdo.
Nuestro amor trasciende el tiempo y el espacio,
en cada latido, siempre estaremos unidos.

Let's toast to what we've lived,
to every experience that made us grow.
The last night, but not the end,
our love will always endure.

Although it hurts to say goodbye, we trust in destiny,
it will guide us through new paths.
The last night, but not a farewell,
rather a see you later, with the hope of meeting again.

Together, on this last night, remembering life,
grateful for everything we've lived.
Every moment, every shared moment,
a gift that will always be in our wounded hearts.

©2023 Dr. Israel Cruz
08/18/2023

Brindemos por lo vivido,
por cada experiencia que nos ha hecho crecer.
La última noche, pero no el final,
nuestro amor siempre perdurará.

Aunque duela despedirnos, confiamos en el destino,
él nos guiará por nuevos caminos.
La última noche, pero no un adiós,
sino un hasta luego, con la esperanza de reencontrarnos.

Juntos, en esta última noche recordando la vida,
agradeciendo por todo lo vivido.
Cada instante, cada momento compartido,
un regalo que siempre estará en nuestro corazón herido.

©2023 Dr. Israel Cruz
18/08/2023

Life

In the ever-changing variation of life, adversity rises,
Like a whirlwind challenging our calm.
With each step, achievements and failures intertwine,
Creating a story of joys and sorrows in its plot.

Health and sickness, in an eternal dance,
Remind us of the fragility of our bodies.
They also teach us to value every breath,
To take care of ourselves with true love.

Obstacles are lessons, unexpected teachers,
They teach us to live with our feet on reality,
They show us that even in the fall, there are learnings,
And in overcoming, the soul finds its freedom.

Love, in its embrace, envelops us,
Hate and resentment poison the heart.
But it is in the choice of feelings where it resolves us,
In finding peace and happiness as a mission.

Happiness and unhappiness, two faces of a coin,
Accompany us on the journey of our existence.
They teach us to value moments of pure joy,
And to find strength amidst intense adversity.

La Vida

En la variación de la vida, la adversidad se alza,
Como un torbellino desafiando nuestra calma.
En cada paso, logros y fracasos se entrelazan,
Creando una historia de alegrías y tristezas en su trama.

La salud y la enfermedad, en un baile eterno,
Nos recuerdan la fragilidad de nuestro cuerpo.
También nos enseñan a valorar cada aliento,
A cuidar de nuestro ser con amor verdadero.

Los obstáculos son lecciones, maestros inesperados,
Nos enseñan a vivir con los pies en la realidad,
Nos muestran que en la caída también hay aprendizajes,
Y que en la superación encuentra el alma su libertad.

El amor, en su abrazo nos envuelve,
El odio y el rencor envenenan el corazón.
Pero es en la elección de sentimientos donde nos resuelve,
En encontrar la paz y la felicidad como misión.

La felicidad y la infelicidad, dos caras de una moneda,
Nos acompañan en el viaje de nuestra existencia.
Nos enseñan a valorar los momentos de alegría plena,
Y a encontrar fortaleza en medio de la adversidad intensa.

Life, a canvas full of contrasts,
Where adversity and overcoming intertwine.
But in each challenge, we find new advancements,
And in each experience, the opportunity to be strong and courageous.

©2023 Dr. Israel Cruz
08/16/2023

La vida, un lienzo lleno de contrastes,
Donde la adversidad y la superación se entrelazan.
Pero en cada desafío, encontramos nuevos avances,
Y en cada experiencia, la oportunidad de ser fuertes y valerosos.

©2023 Dr. Israel Cruz
16/08/2023

The Tree

A tree that bears fruit and also provides shade,
created by nature, upright and healthy,
sing your song with the sound of the wind,
you are strong, you are robust,
you are everything many humans would like to be.

In your humility and silence, you reside,
without seeking applause or selfish glances,
you give life to the forests,
and to the beings that find refuge in you.

Your skin, rough but full of stories,
holds secrets from the past,
you are the silent witness of wars and storms,
and also, of the peace and calm you offer.

Your branches, giant embraces,
joyfully welcome fluttering birds,
you are home to small insects and rodents,
your leaves, green and leafy, protect from the relentless sun.

Oh tree, you are a master of patience,
you grow slowly but steadily,
you love the earth that nourishes you,
and in each leaf, in each root, resides your wisdom.

El Árbol

Árbol que da frutos y también sombra, creado por la naturaleza, erguido y saludable,
canta tu canción con el sonido del viento,
eres fuerte, eres robusto,
eres todo lo que muchos humanos quisieran ser,

En tu humildad y silencio resides,
sin buscar aplausos ni miradas egoístas,
das vida a los bosques,
y a los seres que encuentran refugio en ti.

Tu piel, rugosa pero llena de historias,
guarda secretos del pasado,
eres el testigo mudo de las guerras y tempestades,
y también de la paz y la calma que brindas.

Tus ramas, abrazos gigantes,
reciben alegremente a las aves revoloteando,
eres hogar para pequeños insectos y roedores,
tus hojas, verdes y frondosas, protegen del sol inclemente.

Oh árbol, eres maestro de paciencia,
creces despacio pero con firmeza,
amas la tierra que te alimenta,
y en cada hoja, en cada raíz, reside tu sabiduría.

In your essence, I find peace and serenity,
you are an example of strength and resilience,
you teach us that, even when the winds blow strong,
one can remain standing, facing life's blows.

Tree, guardian of our dreams and desires,
thank you for your constant presence,
for reminding us that we are part of nature,
and that in you we find a refuge always available.

You are, without a doubt, a very valuable treasure,
that Mother Earth has gifted us,
we must care for you and protect you, as we would our own heart,
together, we will continue living in harmony and satisfaction.

©2023 Dr. Israel Cruz
12/08/2023

En tu esencia encuentro paz y serenidad,
eres un ejemplo de fortaleza y resiliencia,
nos enseñas que, aunque los vientos soplen fuerte,
se puede seguir en pie, enfrentando los golpes de la vida.

Árbol, guardián de nuestros sueños y anhelos,
gracias por tu constante presencia,
por recordarnos que somos parte de la naturaleza,
y que en ti encontramos un refugio siempre disponible.

Eres, sin duda, un tesoro muy valioso,
que la Madre Tierra nos ha regalado,
Tenemos que cuidarte y protegerte, como lo haríamos con nuestro propio corazón,
juntos, seguiremos viviendo en armonía y satisfacción.

©2023 Dr. Israel Cruz
08/12/2023

The Peasant

In the green fields, mountains, and plains,
the routine of the farmer is handled with caution,
with his silent and weathered hands,
his gaze fixed on the soil.

From dawn until dusk,
he tills the land with love and dedication,
ploughing the furrows with steady steps,
sowing the seeds of hope.

His life is simple, without luxuries or excesses,
nourished by what the earth has harvested,
his hands are his most valuable treasure.

With the sun, his faithful companion,
he ventures into the deep furrows,
planting his land with hope,
and watering his soil with unwavering sweat.

The farmer's life is tough and simple,
where work is his most loyal lover,
after the sun, the moon is his refuge,
where his dreams constantly unfold.

The fruits of his hard work,
the reward of love and tribute,
where the earth is his most faithful embrace,
and his soul is nourished by its own fruit.

El Campesino

En los campos verdes, montañas y llanos,
la rutina del campesino maneja con cautela,
con sus manos calladas y curtidas,
su mirada, en la tierra se fija.

Desde el amanecer hasta el atardecer,
labra la tierra con amor y dedicación,
arando con firme paso los surcos,
sembrando las semillas de ilusión.

Su vida es simple, sin lujos ni excesos,
se alimenta de lo que la tierra ha cosechado,
sus manos son su tesoro más valioso.

Con el sol, su fiel compañero,
se adentra en los surcos profundos,
sembrando con esperanza su terreno,
y regando su tierra con sudor rotundo.

La vida campesina es ardua y simple,
donde el trabajo es su más fiel amante,
después del sol, la luna es su refugio,
donde sus sueños se abren constante.

Los frutos de su arduo trabajo,
la recompensa del amor y el tributo,
donde la tierra es su más fiel abrazo,
y su alma se nutre de su propio fruto.

The farmer happily
observes his blossoming orchard,
the field is his life, his sustenance,
it's his essence, his guide as a farmer.

©2023 Dr. Israel Cruz
08/08/2023

El campesino alegremente,
observa su huerto florecido,
el campo es su vida, su sustento,
es su esencia, es su guía como campesino.

©2023 Dr. Israel Cruz
08/08/2023

An Impossible Love

In the shadows of silence and secrecy,
a deep feeling hides,
a forbidden love, intense and quiet,
where one man loves another in an instant.

Little by little, the flame ignited,
without asking for permission, without intending it,
through glances, that love manifested,
illuminating sleepless hearts.

He longs for his smile, full of light,
that illuminates dark and gloomy days,
he yearns for his affection, he has always been his refuge,
remembering moments in his impious wakefulness.

A captivating personality,
a radiant being he cannot have,
his gestures, his voice, his essence awaken his mystery,
trapped in a passion difficult to understand.

He respects the quality he admired so much,
a pure virtue, full of valor,
a man loving another, even in silence,
willing to live in eternal pain.

Un Amor Imposible

En las sombras del silencio y el secreto,
se oculta un sentimiento profundo,
un amor prohibido, intenso y quieto,
donde un hombre ama a otro en un segundo.

Poco a poco, la llama se encendió,
sin pedir permiso, sin pretenderlo,
entre miradas ese amor se manifestó,
iluminando corazones en desvelo.

Extraña su sonrisa, llena de luz,
que ilumina días oscuros y sombríos,
anhela su cariño, siempre fue su refugio,
recordando momentos en su desvelo impío.

Una personalidad cautiva,
un ser radiante, a quien no puede tener,
sus gestos, su voz, su ser despiertan su misterio,
atrapado en una pasión difícil de entender.

Respeta la cualidad que tanto admiró,
una virtud pura, llena de valor,
un hombre amando a otro, aún en silencio,
dispuesto a vivir en un eterno dolor.

An impossible love, a fragile and naked thread,
that wraps the soul in tight knots,
two hearts seeking their shield,
but can never be secured.

And so, in the darkness of solitude,
the heart remains, adored in secret,
yearning for a future in adversity,
knowing that their love is muzzled.

©2023 Dr. Israel Cruz
07/08/2023

Amor imposible, hilo frágil y desnudo,
que envuelve al alma en nudos apretados,
dos corazones que buscan su escudo,
pero que jamás podrán ser afianzados.

Y así, en la oscuridad de la soledad,
se queda el corazón, adorado en secreto,
anhelando un futuro en la adversidad,
sabiendo que su amor está amordazado.

©2023 Dr. Israel Cruz
08/07/2023

The Fears and Intolerance

Are you so easily swayed by what you see, read, or hear?
Does your fear overpower your thoughts, clouding your mind?
Do you believe in bigotry, prejudice, and ignorance?
Your sense of superiority masks your own inadequacy,
Your lack of cultural awareness reveals your weakness,
Your refusal to accept others mirrors your true self,
Your unwillingness to learn from others exposes your ignorance,
Look in the mirror and confront your reality,
A human consumed by fear and hate, lacking respect for others,
A human unable to walk alongside and comprehend,
We are all unique yet equal, with hearts and souls,
With the same right to exist as you,
Even though we understand that you may be incapable of comprehension,
That your fears and hate have taken root within you.

© 2023 Dr. Israel Cruz
06/03/2023

El Miedo y la Intolerancia

¿Te dejas influenciar tan fácilmente por lo que ves, lees o escuchas?
¿Tu miedo domina tus pensamientos, nublando tu mente?
¿Crees en la intolerancia, el prejuicio y la ignorancia?
Tu sentido de superioridad oculta tu propia inadecuación,
Tu falta de conciencia cultural revela tu debilidad,
Tu negativa a aceptar a los demás refleja tu verdadero ser,
Tu negativa a aprender de los demás expone tu ignorancia,
Mírate en el espejo y enfrenta tu realidad,
Un ser humano consumido por el miedo y el odio, sin respeto por los demás,
Un ser humano incapaz de caminar junto a los demás y comprender,
Todos somos únicos pero iguales, con corazones y almas,
Con el mismo derecho a existir que tú,
Aunque entendemos que tal vez eres incapaz de comprender,
Que tus miedos y odio han arraigado en ti.

© 2023 Dr. Israel Cruz
03/06/2023

Today

Today is a golden delight,
Where laughter reaches great heights.
The soft blue sky
Whispers infinite promises, for you, for me, for all.

On this day, hopes gracefully soar,
Joy paints the skies with clouds.
The meadows live in bold colors,
Promises that never age.

The world awakens under nature's sweet trance,
Bathed in the tender embrace of the sun,
While birds serenade
Among the comforting whispers of trees,
Promising a bright, boundless, flawless future.

Rivers shimmer like ribbons of light,
Reflecting dreams and aspirations,
Flowers, a showcase crown for nature,
Promising us beauty on every occasion.

With each breath, we feel life's gentle embrace,
The rhythm of our existence,
Watering the grace of love.
Today, a masterpiece written in blue skies,
Full of promises, for you, for me, for all.

©2023 Dr. Israel Cruz
06/08/2023

Hoy

Hoy es una delicia dorada,
Donde la risa alcanza gran altura.
El suave cielo azul
Susurra promesas infinitas, para ti, para mí, para todos.

En este día, las esperanzas se elevan con gracia,
Alegría pinta los cielos con nubes.
Los prados viven colores audaces,
Promesas que nunca envejecen.

El mundo despierta bajo el dulce trance de la naturaleza,
Bañado en el tierno abrazo del sol,
Mientras los pájaros entonan su serenata
Entre los susurros reconfortantes de los árboles,
Prometiendo un futuro brillante, ilimitado e impecable.

Los ríos brillan como cintas de luz,
Reflejando sueños y aspiraciones,
Las flores, una corona de exhibición para la naturaleza,
Prometiéndonos belleza en toda ocasión.

Con cada respiración, sentimos el suave abrazo de la vida,
El ritmo de nuestra existencia,
Regando la gracia del amor.
Hoy, una obra maestra escrita en cielos azules,
Llena de promesas, para ti, para mí, para todos.

©2023 Dr. Israel Cruz
08/06/2023

Nature

Nature, sweet muse of my days,
Fills me with joy with its splendorous ways.
Beautiful and vast, I embrace its hold,
Finding in it the breath that makes me bold.

From high mountains to the blue ocean,
There are treasures that awaken ecstasy,
And touch every crevice of my thirsty soul,
Nourishing my spirit with their contented essence.

In every dancing tree, in every wildflower,
I breathe their fragrance and understand my being.
Nature embraces me with its green arms,
Inspiring me to fight for what I desire, even when the lands twist and turn.

And in every harsh storm that lashes the sky,
I learn that nature does not heed worries.
Its cycles and changes teach me with patience,
That adaptation is key for survival.

I enjoy every sunbeam that caresses my skin,
Every blade of grass that tickles my feet,
As I run freely through vast landscapes,
Discovering the greatness of its untamed realms.

La Naturaleza

La Naturaleza, dulce musa de mis días,
Con su esplendor me llena de alegría.
Bella y vasta, en su abrazo me envuelvo,
Encuentro en ella el aliento que renuevo.

Desde altos montes al océano azul,
Hay tesoros que despiertan éxtasis en mí
Y pulsan cada rendija del alma sedienta,
Alimentando mi espíritu con su esencia contenta.

En cada árbol danzante, en cada flor silvestre,
Respiro su fragancia y entiendo mi ser.
La Naturaleza me abraza con brazos verdes,
Inspirándome a luchar por lo que quiero aunque las tierras se retuerzan.

Y en cada inclemente tormenta que azota el cielo,
Aprendo que la naturaleza no obedece desvelos.
Sus ciclos y cambios me enseñan con paciencia,
Que la adaptación es clave para la supervivencia.

Disfruto cada rayo de sol que acaricia mi piel,
Cada brizna de hierba que acaricia mis pies,
Al correr sin cuatela por vastos paisajes,
Descubriendo la grandeza de sus selvajes maques.

In Nature, I find inspiration,
To fight for what I want without hesitation.
I learn from its beauty and its balance,
And drink from its teachings, without challenge.

How beautiful nature is, how much a part of it I am,
It guides me, inspires me, provides support.
An immeasurable treasure, eternally grateful,
For living in harmony with what is pure and beloved.

©2023 Dr. Israel Cruz
05/08/2023

En la Naturaleza encuentro inspiración,
Para luchar por lo que quiero sin vacilación.
Aprendo de su belleza y su equilibrio,
Y bebo de sus enseñanzas, sin demérito.

Qué bella es la naturaleza, cuán parte de ella soy,
Me guía, me inspira, me brinda apoyo.
Un tesoro incalculable, eternamente agradecido,
Por vivir en sintonía con lo más puro y querido.

©2023 Dr. Israel Cruz
08/05/2023

The Loom of Life

In the loom of life, I intertwine my memories,
Of happy days and difficult moments, throughout all the stories.
The past, a collection of intertwined moments,
Both good and bad, shaping my journey forever.

In the ups and downs, I find an unbreakable strength,
Through the challenges faced, I see how characters develop.
For life's obstacles cannot break a determined spirit,
But forge resilience, ignite fires, ignite me.

There were moments when darkness loomed over me,
When hope seemed scarce and dreams almost faded.
But I stood firm, not allowing myself to crumble under the weight,
Knowing that resilience would blossom within me.

And as I moved forward amidst life's endless struggle,
I learned the power of my daily choices.
For life is not what others choose to impose,
But the loom that I weave, where true freedom flows.

I celebrate the victories, the triumphs I have achieved,
Small or big, witnesses of battles fought.
A testimony of the strength that dwells within me,
A reminder that I am a warrior who will never surrender.

El Telar de la Vida

En el telar de la vida, entrelazo mis recuerdos,
De días felices y momentos difíciles, a lo largo de todas las historias.
El pasado, una colección de momentos entrelazados,
Tanto buenos como malos, moldeando mi viaje para siempre.

En los altibajos, encuentro una fuerza inquebrantable,
A través de los desafíos enfrentados, veo cómo los personajes se desarrollan.
Pues los obstáculos de la vida no pueden quebrantar un espíritu decidido,
Sino que forjan resiliencia, encienden fuegos, me encienden a mí.

Hubo momentos en que la oscuridad se cernía sobre mí,
Cuando la esperanza parecía escasa y los sueños casi se desvanecían.
Pero me mantuve firme, sin dejarme derrumbar por el peso,
Sabiendo que dentro de mí, la resiliencia florecería.

Y mientras avanzaba en medio de la lucha interminable de la vida,
Aprendí el poder de mis elecciones diarias.
Pues la vida no es lo que otros eligen imponer,
Sino el telar que yo tejo, donde fluye la verdadera libertad.

Celebro las victorias, los triunfos que he alcanzado,
Pequeños o grandes, testigos de las batallas libradas.
Un testimonio de la fuerza que habita en mi interior,
Un recordatorio de que soy un guerrero que nunca se rendirá.

So I appreciate every moment presented to me,
Embrace joy, love, and everything that brightens my day.
For the beauty of life is found in the realm of my creation,
I hold in my power endless joy.

And when the loom of life approaches its grand closure,
I will look back on my journey, satisfied and at peace.
For I have lived it to the fullest, without restrictions,
Conquering my dreams, with the past and future intact.

©2023 Dr. Israel Cruz
05/08/2023

Así que aprecio cada momento que se me presenta,
Abrazo la alegría, el amor y todo lo que ilumina mi día.
Pues la belleza de la vida se encuentra en el reino de mi creación,
Tengo en mi poder el gozo sin fin.

Y cuando el telar de la vida se acerque a su gran cierre,
Miraré hacia atrás en mi viaje, satisfecho y en paz.
Pues lo he vivido al máximo, sin restricciones,
Conquistando mis sueños, con el pasado y el futuro intactos.

©2023 Dr. Israel Cruz
08/05/2023

My Spouse

In the realm of love, you are my muse,
For you, my dear, I have only good news.
Each passing day, my love surpasses,
No measure can contain the love that rises.

In your presence, my heart knows no bounds,
Your love surrounds, like enchanting sounds.
With every word, you embrace my soul,
Completing dreams, making me whole.

Through ups and downs, you guide my way,
Your steadfast love lights up the darkest day.
Your touch ignites flames deep in my core,
With you, my love, forevermore.

In your arms, solace and peace I find,
A love so deep, never left behind.
Your smile, a constant ray of light,
Bringing warmth, even on the coldest night.

Together, we dance through life's stormy sea,
Facing hardships, but always breaking free.
Side by side, we conquer what's ahead,
Hand in hand, our love will never shed.

Mi Cónyuge

En el reino del amor, tú eres mi musa,
Para ti, querido, solo tengo buenas noticias.
Cada día que pasa, mi amor se supera,
Ninguna medida puede contener el amor que aumenta.

En tu presencia, mi corazón no conoce límites,
Tu amor me rodea, como sonidos encantadores.
Con cada palabra, abrazas mi alma,
Completando sueños, haciéndome completo.

A través de altibajos, guías mi camino,
Tu amor constante ilumina el día más oscuro.
Tu toque enciende llamas en lo más profundo de mi ser,
Contigo, mi amor, por siempre.

En tus brazos, encuentro consuelo y paz,
Un amor tan profundo, nunca abandonado.
Tu sonrisa, un rayo de luz constante,
Trayendo calidez, incluso en la noche más fría.

Juntos, bailamos a través del mar tormentoso de la vida,
Enfrentando dificultades, pero siempre liberándonos.
Lado a lado, conquistamos lo que está por venir,
Mano a mano, nuestro amor nunca se desvanecerá.

On this day, celebrating your birth,
I cherish you, my soul's mirth.
Happy birthday, my love, my dearest spouse,
In your embrace, I've found my forever house.

©2023 Dr. Israel Cruz
03/08/2023

En este día, celebrando tu nacimiento,
Te aprecio, la alegría de mi alma.
Feliz cumpleaños, mi amor, mi querido cónyuge,
En tu abrazo, he encontrado mi hogar eterno.

©2023 Dr. Israel Cruz
08/03/2023

Sisters

Beloved sisters, guardians of the heart,
With you, life illuminates, filled with emotion.
Bound by blood and fraternal love,
We are like stars, shining in this astral plane.

Each one unique and special in her own way,
Sharing laughter, tears, each complete day.
In bitter or joyful moments,
You are always present, full of energy.

Sisters, confidants, and best friends,
With you, I share all my intrigues.
Together, we have grown and overcome trials,
An unbreakable bond, despite the hurdles.

In every step of life, we are hand in hand,
Offering love and support, regardless of the arcane.
Celebrating successes and comforting in sadness,
Always finding strength in each other.

With every smile, we illuminate our path,
Together, we build a golden and certain future.
Even when distance separates us at times,
My love for you is eternal, sincere, and unshakable.

Hermanas

Hermanas amadas, guardianas del corazón,
Con ustedes la vida se ilumina, se llena de emoción.
Unidos por la sangre y el amor fraternal,
Somos como estrellas, brillantes en este astral.

Cada una única y especial a su manera,
Compartiendo risas, lágrimas, cada entera.
En los momentos amargos o de alegría,
Siempre están presentes, llenas de energía.

Hermanas, confidentes y mejores amigas,
Con ustedes comparto todas mis intrigas.
Juntos hemos crecido y superado pruebas,
Un lazo inquebrantable, pese a las hesas.

En cada paso de la vida, estamos de la mano,
Brindando cariño y apoyo, sin importar el arcano.
Celebrando los éxitos y consolando en la tristeza,
Siempre encontrando en ustedes la fortaleza.

Con cada sonrisa iluminamos nuestro sendero,
Juntos construimos un futuro dorado y certero.
Aunque la distancia nos separe en algunos momentos,
Mi amor por ustedes es eterno, sincero y sin cimientos.

Beloved sisters, cherished sisters,
My gratitude for you will never fade.
In the verses of life, you will always be present,
My sisters, my eternal loves, brave and resilient.

Always together, our wonderful laughter,
Sisters, forever united, in the beautiful hours!

©2023 Dr. Israel Cruz
03/08/2023

Hermanas amadas, hermanas queridas,
Mi gratitud por ustedes, jamás será apagada.
En los versos de la vida, siempre estarán presentes,
Mis hermanas, mis amores eternos, valientes.

Juntos siempre, nuestras risas maravillosas,
¡Hermanas, unidas por siempre, en las horas hermosas!

©2023Dr. Israel Cruz
08/03/2023

The Ocean

How beautiful you are!
Your beauty is unique and splendid.
The waves sing as they touch the rocks.
Bringing with them a tranquility that touches the soul.

Your dark blue, aqua blue, and white colors bring their own beauty,
It is beautiful to reconcile with your greatness.

You calm my soul and tranquilize my being,
Your beauty takes me beyond your infinity, transporting me to the spirituality of existence.

Remembering that I am part of the universe that has bestowed beauty upon you,
My eyes to see and my ears to hear your waves,

My sense of smell allows me to perceive your fragrance,
My touch to feel your sand,
My sight takes me to the infinite of your distance,

Your peace I carry with me,
Your beauty I will remember,
Your music will continue enchanting my being.

©2023 Dr. Israel Cruz
01/20/2023

El Océano

¡Qué hermoso eres!
Tu belleza es única y espléndida,
Las olas cantan al tocar las rocas,
Traen consigo la tranquilidad que al alma toca,

Tus colores azul oscuro, azul aqua y blanco traen consigo su propia belleza,
Es hermoso reconciliarme con tu grandeza.

Tu calma mi alma y tranquiliza mi ser,
Tu belleza me lleva más allá de tu infinitud, trasladándome a la espiritualidad del ser.

Recordando que soy parte del universo que a ti belleza te ha otorgado,
Mis ojos para ver y mis oídos para escuchar tus olas,

Mi olfato permite percibir tu fragancia,
Mi tacto tocar tu arena,
Mi vista me lleva al infinito de tu distancia,

Tu paz conmigo me llevo,
Tu belleza recordaré,
Tu música seguirá encantando mi ser.

©2023 Dr. Israel Cruz
20/01/2023

The Mare

You rode through the paths of life,
Receiving praise and rewards,
You settled in your stable,
Enjoying your days
Delighting the children and their parents,
They will miss you and feel your absence,
Even though you are free,
Roaming mountains and plains.

© 2022 Dr. Israel Cruz
12/08/22

La Yegua

Cabalgaste por los caminos de la vida,
Recibiendo halagos y galardones,
Te estableciste en tu establo,
Disfrutando tus días,
Deleitando a los chicos y sus padres,
Te extrañarán y te harás falta,
Aunque libre estés,
Recorriendo montañas y llanuras.

© 2022 Dr. Israel Cruz
12/08/22

The Rain

The rain falls gently
Its soft melody soothes my soul
It transports me to a physical serenity
That embraces my essence
Nourishes my spirit
Transforms my being.

© 2022 Dr. Israel Cruz
11/13/22

La Lluvia

La lluvia cae delicadamente
Su suave melodía calma mi alma
Me transporta a una serenidad física
Que abraza mi esencia
Alimenta mi espíritu
Transforma mi ser.

© 2022 Dr. Israel Cruz
13/11/22

The Broken Nail

The man has complained,
But he cannot do anything,
His nail has broken,
And his behind he cannot clean,
He hopes someone else will do it,
His suffering persists,
Because of a fractured nail,
Poor man!
His life now becomes complicated,
Due to having a broken nail.

©2022 Dr. Israel Cruz
11/ 08/22

La Uña Quebrada

El hombre se ha quejado,
Pero no puede hacer nada,
Su uña se ha quebrado,
Y su trasero no puede limpiar,
Espera que alguien más lo haga,
Su sufrimiento persiste,
Por una uña fracturada,
¡Pobre hombre!
Su vida ahora se complica,
Por tener una uña fracturada.

©2022 Dr. Israel Cruz
08/11/22

Unexpected Adventure

Traveling through mountains and plains,
Embraced by the wind and its pure air,
Delighted by the path already taken,
Eagerly awaiting the journey ahead,
Ascending mountains and descending to the plain,
Enjoying nature and its splendid beauty,
Without wasting a single second,
Embraced by the rich breeze that brings laughter,
Remembering pleasant moments life has bestowed,
Without regrets or suffering.

©2022 Dr. Israel Cruz
11/08/22

Aventura Inesperada

Recorriendo montañas y llanos,
Abrazado por el viento y su aire puro,
Deleitado por el camino recorrido,
Esperando con alegría el trayecto por recorrer,
Ascendiendo montañas y descendiendo al llano,
Disfrutando la naturaleza y su esplendorosa belleza,
Sin perder ni un solo segundo,
Abrazado por la brisa rica que trae risas,
Al recordar momentos agradables que la vida ha otorgado,
Sin reproches ni sufrimientos.

©2022 Dr. Israel Cruz
08/11/22

The Magnificence of Nature

The universe shows you its infinite beauty
In an instant, it marvels you with its splendor
Its majestic mountains and serene valleys
Its oceans, beaches, rivers, and streams
Invite you to immerse yourself in their magnificence
Creating a peace that transcends
Acknowledging that you are part of its art and abundance.

©2022 Dr. Israel Cruz
09/08/22

La Magnificencia de la Naturaleza

El universo te muestra su belleza infinita
En un instante te maravilla con su esplendor
Sus montañas majestuosas y sus valles serenos
Sus océanos, playas, ríos y arroyuelos
Invitan a sumergirse en su magnificencia
Creando una paz que trasciende
Reconociendo que eres parte de su arte y abundancia.

©2022 Dr. Israel Cruz
08/09/22

Your Thoughts

Your thoughts envelop you endlessly,
Spinning without control, without rest,
Like a runaway car, without brakes,
You try to stop them, but you can't, like a car in full flight.
The night lengthens and sleep fades away,
Spinning and spinning, your mind does not settle,
You are no longer who you used to be,
Incapable of facing what awaits you,
Life is not how you expected to find it.

©2022 Dr. Israel Cruz
08/24/22

Tus Pensamientos

Tus pensamientos te envuelven sin cesar,
Girando sin control, sin descansar,
Como un auto desbocado, sin freno,
Intentas detenerlos, pero no puedes, como un auto en pleno vuelo.
La noche se alarga y el sueño se desvanece,
Girando y girando, tu mente no se aquieta,
Ya no eres quien solías ser,
Incapaz de enfrentar lo que te espera,
La vida no es como esperabas encontrarla.

©2022 Dr. Israel Cruz
24/08/22

The Past

The past is part of your story,
That which deeply resides in your mind,
The journey of mountains and plains that make you who you are today,
The experiences that life has granted you are a part of your being.

Do not regret what you did not achieve,
Enjoy what you have obtained and share your jo,
With those who have been by your side,
In good and turbulent times.

©2022 Dr. Israel Cruz
08/08/22

El Pasado

El pasado es parte de tu historia,
aquella que llevas profundamente en tu mente,
el recorrido de montañas y llanos que te han moldeado,
las experiencias que la vida te ha brindado forman tu ser.

No lamentes lo que no lograste,
disfruta lo obtenido y comparte tu alegría,
con aquellos que han estado a tu lado,
en los tiempos buenos y en los turbios.

©2022 Dr. Israel Cruz
08/08/22

Yesterday

The dawn has arrived,
the shining sun illuminates the morning,
introducing a new day full of adventures.

The past remains behind,
its memories kept as treasures found.

Yesterday represents achievements and failures,
happy moments and triumphs obtained,
but also the sorrows and pains it brought along,
the ups and downs of the journey traveled.

The experience gained yesterday,
will bring unforgettable moments,
remaining stored in the treasure chest of your life.

©2022 Dr. Israel Cruz
08/08/22

El Ayer

El amanecer ha llegado,
el sol resplandeciente ilumina la mañana,
introduciendo un nuevo día lleno de aventuras.

El pasado queda atrás,
sus recuerdos guardados como tesoros encontrados.

El ayer representa los logros y los fracasos,
los momentos felices y los triunfos obtenidos,
pero también las penas y dolores que trajo consigo,
los altibajos del camino recorrido.

La experiencia adquirida ayer
traerá momentos inolvidables,
quedando guardados en el baúl de los tesoros de tu vida.

©2022 Dr. Israel Cruz
08/08/22

Our Nation

Today politicians sit in their chairs,
The far right and the far left don't care,
Our nation is going through a crisis,
Mass shootings happen everywhere,
A supreme court that doesn't protect the law,
Enough is enough! Enough is enough!
The public is alarmed and desperate.

©2022 Dr. Israel Cruz
07/05/22

Nuestra Nación

Hoy los políticos se sientan en sus sillas
A la extrema derecha y a la extrema izquierda no les importa
Nuestra nación atraviesa una crisis
Disparos masivos ocurren en todas partes
Una corte suprema que no protege la ley
¡Basta ya! ¡Basta ya!
El público se encuentra alarmado y desesperado.

©2022 Dr. Israel Cruz
05/07/22

Your Own Prison

Your freedom is a state of mind,
You are the architect of your own destiny,
The tragedy in your everyday life will never destroy you,
Your perseverance will guide your life,
When you manage to escape from your own prison.

©2022 Dr. Israel Cruz
06/23/22

Tu Propia Prisión

Tu libertad es un estado mental,
Eres el arquitecto de tu propio destino,
La tragedia en tu diario vivir jamás te destruirá,
Tu perseverancia guiará tu vida,
Cuando logres escapar de tu propia prisión.

©2022 Dr. Israel Cruz
23/06/22

The Echo of Solitude

By day and by night, solitude embraces you,
Walk alone or accompanied, and she always follows you like a security guard,
However, silently she brings anguish with her,
She slips stealthily when you least expect it,
Like a fierce lion stalking its prey,
Leaving only uncertainty and desolation in her wake,
Until she visits you again when she sees fit,
Following your steps, whether alone or in company.

©2022 Dr. Israel Cruz
04/14/2022

El Eco de la Soledad

De día y de noche la soledad te abraza,
Camina solo o acompañado y ella siempre te sigue como guardián de seguridad,
Sin embargo, en silencio trae angustia consigo,
Se desliza sigilosamente cuando menos lo esperas,
Como un león feroz que acecha a su presa,
Dejando solo incertidumbre y desconsuelo a su paso,
Hasta que vuelve a visitarte cuando más oportuno le parece,
Siguiendo tus pasos, ya sea en solitario o en compañía.

©2022 Dr. Israel Cruz
14/04/2022

Sleeplessness

The night arrives burdened with uncertainty,
It envelopes me, tearful and screaming,
I cannot yearn for tomorrow to come,
The pain in my body extends endlessly.

Sleeplessness prevents me from finding rest,
My mind races like an overflowing river,
I long to close my eyes without worry or disturbance,
And recover from these gloomy moments.

Tomorrow will be a new day to start,
If only uncertainty allows me to rest,
To recover and rise with renewed strength,
Awakening with hope, leaving this day behind.

©2022 Dr. Israel Cruz
01/20/22

El Insomnio

La noche arriba con incertidumbre cargada,
me envuelve llorosa y a gritos reclama,
esperar hasta mañana no puedo anhelar,
el dolor en mi cuerpo se extiende sin cesar.

El desvelo me impide encontrar descanso,
mi mente corre como un río desbordado,
anhelo cerrar los ojos sin pesar ni disturbios,
y poder reponerme de estos momentos sombríos.

Mañana será un nuevo día para comenzar,
si tan solo la incertidumbre me deja descansar,
reponerme y levantarme con fuerza renovada,
despertar con esperanza y dejar atrás esta jornada.

©2022 Dr. Israel Cruz
20/01/22

The Wedding

The moment has come to prepare yourself for that special day.
Nerves, stress, joy—everything touches your being at once.
A unique event you will remember for a lifetime.

Long and short days will come,
pleasant and unpleasant moments too.
Never go to bed angry, nor leave the house upset.

Marriage requires skills for you to succeed.
Do not forget to say good morning, good afternoon, good night.

To walk hand in hand,
to take time to rest, to share joys and sorrows too, to laugh out loud,
to end the day with "I love you."

To succeed in marriage, respect, trust, understanding, and loyalty
are needed.
Allow the light of love to illuminate your being.

©2021 Dr. Israel Cruz
11/02/21

La Boda

Ha llegado el instante de prepararte para ese día especial.
Nervios, estrés, alegría—todo se entrelaza en tu ser de golpe.
Un suceso único que grabarás por siempre en tu memoria.

Días largos y cortos vendrán, momentos placenteros y desagradables también.
Jamás te acuestes enojado, ni salgas de casa contrariado.

El matrimonio demanda destrezas para triunfar.
No olvides decir buenos días, buenas tardes, buenas noches.

Caminar juntos de la mano,
tomarse tiempo para descansar, compartir alegrías y penas también,
reír a carcajadas, concluir el día con "Te amo."

Para prosperar en el matrimonio, se requiere respeto, confianza, comprensión y lealtad.
Deja que la luz del amor ilumine tu ser.

©2021 Dr. Israel Cruz
02/11/21

The Cloudy Day

Darkness brought the wind along,
and the chilling noise in the night,
Its fierce force wanted to tear apart whatever it touched,
With its swift movement, the trees showed their fear,
The sound whispered terror and its punishment,
Nature roared with disgust,
The relentless mistreatment caused by humanity,
Its revenge will come,
The abuse of nature will be stopped at its roots,
And humanity will get what it deserves.

©2021 Dr. Israel Cruz
10/30/21

El Día Nublado

La oscuridad trajo consigo el viento
y el escalofriante ruido en la noche,
Su fuerza feroz quería desgarrar lo que tocaba,
Con su veloz movimiento, los árboles demostraban su temor,
El sonido susurraba el terror y su castigo,
La naturaleza rugía de disgusto,
El maltrato implacable causado por la humanidad,
La venganza de ella llegará,
El abuso a la naturaleza será interrumpido de raíz,
Y la humanidad obtendrá su merecido.

©2021 Dr. Israel Cruz
30/10/21

The Dawn of the Day

I open my eyes and take a deep breath,
Awake, alert, and calm,
I move my arms and my legs,
I gaze at the ceiling with serenity,
In silence, I question myself,
How shall I begin my day?
Without complaints, I rise,
Without regrets, I start my routine,
It's a brand new new day I have,
Without reproaches,
Without anxieties,
Today, I will relish each moment.

©2021 Dr. Israel Cruz
10/27/2021

El Amanecer del Día

Abro mis ojos y respiro profundo,
Despierto, alerta y en calma,
Muevo mis brazos y mis piernas,
Observo el techo con serenidad,
En silencio me cuestiono,
¿Cómo iniciaré mi día?
Sin quejas me levanto,
Sin lamentos comienzo mi rutina,
Es un nuevo día que tengo,
Sin reproches,
Sin angustias,
Hoy saborearé cada instante.

©2021 Dr. Israel Cruz
27/10/2021

The Bird

In the early morning, you gracefully arrive,
Chirping a cheerful "good morning" to the skies.
From spot to spot, you hop and glide,
Searching for sustenance, your wings in the rise.

Vigilant and watchful against predators' might,
Keeping them at bay with all your might.
Sometimes, hidden amidst nature's disguise,
If danger approaches, you take flight.

Ever alert, with unwavering gaze,
Your search for food, a crucial phase.
But above all, your survival's blaze,
Fear and danger, you refuse to embrace.

©2021 Dr. Israel Cruz
08/25/21

El Pájaro

Llegas al alba, en la fresca mañana,
Tu canto anuncia los buenos días,
Vuelas de un rincón a otro,
Buscas alimento, vigilante, persistente.

Estás alerta a los depredadores,
No permites que se acerquen,
A veces te vuelves invisible,
Vuelas si es necesario.

Permaneces vigilante en todo momento,
Tu búsqueda de comida es vital,
Pero tu supervivencia es inminente,
No te rindes ante el peligro o el miedo.

© 2021 Dr. Israel Cruz
25/08/21

Treasures of Nature

So beautiful and radiant you are,
With your unique and unparalleled beauty,
Your wealth shared with all beings.

Yet, sadly, many fail to appreciate you,
Your majestic mountains, serene valleys, and vast plains,
The rhythm of your sea, the melody of your rivers,
The gentle breeze that carries its own music.

Your charms, they touch the depths of our souls,
Oh, dear mother, we recognize you in every leaf, every sigh,
Your love and care nourish and sustain us,
In your embrace, we flourish and thrive.

©2021 Dr. Israel Cruz
08/24/21

Tesoros de la Naturaleza

Bella y resplandeciente eres,
Tu belleza única, Incomparable es tu riqueza,
Compartida con todos los seres.

Aunque muchos no saben apreciarla,
Tus montañas, tus valles, tus llanos,
Tu mar, tus ríos deleitantes son,
Tu brisa trae música en sus manos.

Tus encantos tocan el alma de tus hijos,
Nuestra madre, así te reconocemos,
En cada hoja, en cada suspiro,
Tu amor y cuidado florecemos.

©2021 Dr. Israel Cruz
24/08/21

My Being

I rise early,
With spirit and without fear,
I try to appreciate all the good,
That can happen throughout the day.

I look towards the horizon,
Giving thanks for the sunrise,
Smiling at nature,
For allowing me to see another day.

I promise to walk the right path,
Without disturbances or regrets,
Just remembering that each new day is,
An opportunity to enjoy and love my being.

©2021 Dr. Israel Cruz
08/24/21

Mí Ser

Temprano me levanto,
Con ánimo y sin temor,
Trato de apreciar todo lo bueno,
Que durante el día puede suceder.

Miro hacia el horizonte,
Dando gracias por el amanecer,
Sonriendo a la naturaleza,
Por permitirme otro día ver.

Prometo caminar por el camino correcto,
Sin disturbios ni lamentos,
Sólo recordando que cada nuevo día es,
Una oportunidad para disfrutar y amar mi ser.

©2021 Dr. Israel Cruz
24/08/21

The Desperate

Your mind races incessantly,
allowing negativity
to seep into it.
Uncertainty takes the reins,
causing confusion and despair,
leaving behind sadness, anguish, and discomfort.

Tranquility is your ally,
if you manage to see the positive side
in everything that comes your way.
Do not give power to to anything
that may harm you,
seek the light in every situation.

Even when it seems that nothing good is happening,
life turns around and teaches us
that everything is possible to achieve.
Have faith in yourself,
and you will be able to continue your journey.

©2021 Dr. Israel Cruz
08/20/21

El Desesperado

Tu mente corre sin cesar,
dando oportunidad a lo negativo
que pueda llegar a ella.
La incertidumbre toma las riendas,
causando confusión y desesperación,
dejando a su paso tristeza, angustia y malestar.

La tranquilidad es tu aliada,
si logras ver el lado positivo
en todo lo que llegue a tu vida.
No le des mente a nada
que pueda causarte daño,
busca la luz en cada situación.

Aunque parezca que nada bueno sucede,
la vida da vueltas y nos enseña
que todo es posible de lograr.
Confía en ti mismo,
y así podrás continuar tu camino.

©2021 Dr. Israel Cruz
20/08/21

My Other Self

Early in the morning, I wake up,
sometimes without the desire to get out of bed,
thinking about everything I have experienced,
both good moments and unpleasant ones.

I cling to the idea that everything is possible,
nothing can destroy me,
I am strong like an oak,
free like a bird without a fixed path,
happy at times,
and emotionally vulnerable.

I walk alone and also accompanied,
experiencing joy and sadness,
that deeply embrace my being.
I travel long and short paths,
remembering the past, living the present,
and hoping for a future free of sadness, pain, and suffering.

©2021 Dr. Israel Cruz
06/06/21

Mi Otro Yo

Temprano en la mañana me despierto,
a veces sin ganas de levantarme,
pensando en todo lo que he vivido,
momentos buenos y también desagradables.

Me aferro a la idea de que todo es posible,
nada puede destruirme,
soy fuerte como un roble,
libre como un ave sin rumbo fijo,
alegre en ocasiones,
y vulnerable sentimentalmente.

Camino en solitario y también acompañado,
experimentando alegría y tristeza,
que abrazan profundamente mi ser.
Recorro caminos largos y cortos,
recordando el pasado, viviendo el presente,
y esperando un futuro libre de tristezas, dolor y sufrimiento.

©2021 Dr. Israel Cruz
06/06/21

Sadness of the Soul

It silently weeps, and no one knows,
tears often come when least expected,
reminiscing on both pleasant and unpleasant events
that have occurred in your life.

Remembering the highs and lows of the journey,
you pause and ponder how you've endured so much pain and sorrow.
Yet, you didn't stop and continued on your path,
without looking back to see all that you've overcome.

Your saddened soul moves forward,
the pain has left its mark,
anguish has left its trace,
the sadness of the soul persists, even as you've triumphed.

© 2021 Dr. Israel Cruz
03/17/21

Tristeza del Alma

Llora en silencio, sin que nadie sepa,
el llanto brota inesperadamente,
evocando momentos alegres y desoladores
que en tu vida han acontecido.

Recuerda los altibajos y el camino recorrido,
te detienes y reflexionas cómo has resistido tanto dolor y pesar.
No obstante, no te detuviste y persististe en tu sendero,
sin voltear atrás para apreciar todo lo que has superado.

Tu alma triste avanza sin cesar,
el dolor ha dejado su marca,
la angustia ha dejado su estela,
la tristeza del alma persiste, incluso tras tus triunfos alcanzados.

© 2021 Dr. Israel Cruz
17/03/21

The Silent Intruder

You arrived stealthily in the darkness,
You took hold of the fragility of your victim.
You infiltrated their body, abusing it at your will.
You multiplied, spreading like an unstoppable poison,
devastating your victim and mercilessly suffocating them.
You caused pain and suffering, not only to your victim,
but also to their family, friends, and community.
Many couldn't defeat you, and you destroyed them.
You left suffering in those who couldn't even say goodbye.
You unleashed destruction, chaos, desolation, pain, and sorrow,
but your day will come, and you will witness your end.
You will be annihilated, vanishing just as you appeared.

© 2021 Dr. Israel Cruz
03/12/21

El Intruso Silencioso

Llegaste sigiloso en la oscuridad,
Te apoderaste de la fragilidad de tu víctima.
Te infiltraste en su cuerpo, abusando de él a tu antojo.
Te multiplicaste, extendiéndote como un veneno implacable,
arrasando con tu víctima y asfixiándola sin piedad.
Causaste dolor y sufrimiento, no solo a tu víctima,
sino también a su familia, amigos y comunidad.
Muchos no lograron vencerte, y a ellos destruiste.
Dejaste sufrimiento en aquellos que ni pudieron despedirse.
Desplegaste destrucción, caos, desolación, dolor y pena,
pero tu día llegará, y contemplarás tu final.
Serás aniquilado, desvaneciéndote tal como apareciste.

© 2021 Dr. Israel Cruz
12/03/21

From the Distance

From afar, you cast restless eyes upon me,
With disdain for every revelation upon my face.
But as years have danced, burdens endured,
Wrinkles and blemishes, pale hues embraced,
The wisdom life bestowed, evaded your gaze,
For it resides within cherished memories' embrace.

I traverse new horizons, riding high,
Scaling mountains, descending to plains below,
Recalling experiences lived, no regrets in sight,
No reproach, no lament for the past's shadow.

Inhaling pure air, I relish the delight,
On this solitary path, or with companions by my side.

© 2020 Dr. Israel Cruz,
12/04/20

Desde La distancia

Desde la distancia, me miraste con inquietud y desdén,
por todo lo que mi rostro revelaba.
Los años han pasado y las cargas soportadas,
las arrugas, las manchas, el color pálido,
la sabiduría que la vida me ha enseñado,
no pudiste ver.
Eso es algo que solo puedo sentir,
es único y vive en recuerdos guardados.

Cabalgo a través de nuevos horizontes,
escalando montañas y descendiendo a las llanuras,
recordando las experiencias vividas,
sin arrepentirme del pasado, sin reproche ni lamento,
por todo lo que ha sucedido en mi vida.

Me deleito en respirar el aire puro,
siguiendo mi camino, solo o acompañado.

© 2020 Dr. Israel Cruz
04/12/20

Evil

You bothered me, but you couldn't destroy me,
You violated me, but you couldn't drag me down,
You spat at me, laughed, mocked me,
But you couldn't tear out my spirit of strength.

You punished me, hit me, dragged my body,
But you couldn't kill my will to live.
You criticized me, called me by bad names,
But you couldn't destroy my being.

You harassed me and took away the joy of my childhood,
But you didn't succeed.
In the end, I triumphed and you were left behind,
In emptiness, in darkness.

© 2020 Dr. Israel Cruz
09/17/20

Maldad

Me molestaste, pero no pudiste destruirme,
Me violaste, pero no pudiste arrastrarme,
Me escupiste, te reíste, te mofaste,
Pero no pudiste arrancar mi espíritu de fuerza.

Me castigaste, pegaste, arrastraste mi cuerpo,
Pero no pudiste matar mi deseo de vivir.
Me criticaste, me llamaste por malos nombres,
Pero no pudiste destruir mi ser.

Me hostigaste y alejaste de la alegría de mi niñez,
Pero no triunfaste.
Al final, triunfé y tú quedaste atrás,
En el vacío, en la oscuridad.

© 2020 Dr. Israel Cruz
17/09/20

Hypocrisy

From a distance, gaze upon the horizon,
In the distance, the true and the false can be distinguished.
You become aware of the hypocrisy of the gifted,
The one who kisses your cheek and criticizes you behind your back.

They speak foolishness about your person, your character,
They delight in their lies and rejoice in the pain caused.
Your astute attitude protects you as you know your worst enemy,
The one who kisses your cheek and also buries the knife behind your back.

© 2020 Dr. Israel Cruz
08/20/20

La Hipocresía

Desde la distancia, mira el horizonte,
A lo lejos, se distingue lo cierto y lo falso.
Te das cuenta de la hipocresía del dotado,
Aquel que besa tu mejilla y a tus espaldas te critica.

Habla necedades sobre tu persona, tu carácter,
Se deleita con sus mentiras y se regocija del dolor causado.
Tu astuta actitud te protege al conocer a tu peor enemigo,
Aquel que besa tu mejilla y a espaldas también te entierra el cuchillo.

© 2020 Dr. Israel Cruz
20/08/20

The Past

It will be the past and in it we will live,
Not in flesh and bone, but in the memory.
To it we will go and remember
Those who are here and those who have gone.

Today, you have already departed, but in our hearts you live,
The gifts we learned from you.
They will forever be with us,
The pleasant moments we lived together.

It will be the past, but in it will live
The satisfaction of sharing with you.
In the moment when you needed it most,
Without excuses, without reproaches from most of your children.

Those who didn't, it is on their conscience,
They lost the opportunity to enjoy your last years with you.

© 2020 Dr. Israel Cruz
07/05/20

El Pasado

Será el pasado y en él viviremos,
No en carne y hueso, sino en el recuerdo.
A él iremos y recordaremos
A quienes están y a quienes se han ido.

Hoy, ya te has marchado, pero en nuestro corazón vives,
Los dones que aprendimos de ti.
Por siempre estarán con nosotros,
Los gratos momentos que vivimos juntos.

Será el pasado, pero en él vivirá
La satisfacción de compartir contigo.
En el momento en que más lo necesitaste,
Sin excusas, sin reproches de la mayoría de tus hijos.

Aquellos que no lo hicieron, en su conciencia queda,
Perdieron la oportunidad de disfrutar tus últimos años contigo.

© 2020 Dr. Israel Cruz
05/07/20

Equality

Don't hate me for who I am,
I was born just as I am, with virtues and flaws,
My skin color came from nature and I can't change it,
Whether white, black, mixed-race, mestizo or yellow,
My blood is red like yours, and my heart burns the same,
I don't see your flaws, only your virtues,
I don't see your color, only your heart,
I am different from you when I look at you in the mirror,
But the same as you when I take stock,
We both have virtues and flaws,
And a heart that we must use to love,
Not to hate, humiliate, or mistreat,
Those who are different from you and me,
Don't hate me for who I am.

© 2020 Dr. Israel Cruz
06/03/20

Igualdad

No me odies por ser quien soy,
Nací tal como soy, con virtudes y defectos,
Mi color de la naturaleza vino y no puedo cambiarlo,
Ya sea blanco, negro, mulato, mestizo o amarillo,
Mi sangre es roja como la tuya y mi corazón ardiente,
No miro tus defectos, solo tus virtudes,
No miro tu color, solo tu corazón,
Soy diferente a ti cuando te miro en el espejo,
Pero igual a ti cuando hago un recuento,
Ambos tenemos virtudes y defectos,
Y un corazón que debemos usar para amar,
No para odiar, humillar o maltratar,
A aquellos que son diferentes a ti y a mí,
No me odies por ser quien soy.

© 2020 Dr. Israel Cruz
03/06/20

Coronavirus

You arrived without any invitation,
Alarmed, everyone asks what to do,
With no clear answers to offer,
Confusion dominates the atmosphere.

The information system is confusing,
The problem spreads, it is profound,
Starting with the lies of the leader,
The stock market will continue to decline,
Businesses, schools, sports, theaters will keep closing.

The coronavirus has claimed many lives,
All we have left is to learn and survive,
Before it's too late for you and yours.

© 2020 Dr. Israel Cruz
03/12/20

Coronavirus

Llegaste sin invitación alguna,
Alarmados, todos preguntan qué hacer,
Sin respuestas claras que ofrecer,
La confusión domina el ambiente.

El sistema de información es confuso,
El problema se extiende, es profundo,
Empezando con las mentiras del líder,
La bolsa de valores seguirá bajando,
Comercios, escuelas, deportes, teatros seguirán cerrando.

El coronavirus ha cobrado muchas vidas,
Solo nos queda aprender y sobrevivir,
Antes de que sea tarde para ti y los tuyos.

© 2020 Dr. Israel Cruz
12/03/20

What is Life?

Could it be walking aimlessly without someone to talk to?
Could it be feeling abandoned, without a place to rest?
Could it be worrying about your family while they care less about you?
Could it be loving without being loved?
Could it be having it all, but in reality having nothing?
Could it be having a troubled mind that only remembers the past?
What is life?
Only you know what life is for you.

© 2020 Dr. Israel Cruz
02/21/20

¿Qué es la Vida?

¿Será la vida caminar vagabundo sin tener alguien con quien conversar?
¿Será la vida estar desamparado, sin tener un lugar donde descansar?
¿Será la vida preocuparte por tu familia mientras a ellos les importas menos?
¿Será la vida amar sin ser amado?
¿Será la vida tenerlo todo, pero en realidad no tener nada?
¿Será la vida tener una mente perturbada que solo recuerda el pasado?
¿Qué es la vida?
Solo tú sabes lo que es la vida para ti.

© 2020 Dr. Israel Cruz
21/02/20

The Politicians

How dirty and callous are some politicians?
They lie like serpents, without any caution,
While the people silently observe, without taking action,
Blinded by empty promises, chosen by their faction.

People who have only demonstrated their inability to vote,
For those who honestly express what they will achieve,
To aid their nation and its people, devoted,
No lies, deception, corruption, hatred, racism, or grief.

Let's seek leaders who eradicate corruption,
Who fight for truth and justice without disruption,
Who work for the well-being of the populace,
Unbiased and united, building a future of promise.

© 2020 Dr. Israel Cruz
02/15/20

Los Políticos

¿Cuán sucios e insensibles son algunos políticos?
Mienten como serpientes, sin precaución alguna,
El pueblo mira en silencio, sin tomar acción,
Cegado por promesas vacías, elegidas por su partido.

Gente que solo ha demostrado su discapacidad para votar,
Por aquel que honestamente expresa lo que podrá hacer,
Para ayudar a su nación y su gente,
Sin mentiras, decepción, corrupción, odio, racismo y padecer.

Busquemos líderes que destierren la corrupción,
Que luchen por la verdad y la justicia,
Que trabajen por el bienestar del pueblo,
Sin prejuicios ni divisiones, construyendo un futuro de esperanza.

© 2020 Dr. Israel Cruz
15/02/20

Reflection

Do not cry for me because I am no longer here,
do not cry for me because you cannot see me,
do not cry for me because you cannot hear me,
do not cry for me because you cannot feel me.

I have not left, I have only returned to my spiritual home,
you cannot see me, but I see you,
you cannot hear me, but I hear you,
you cannot feel me, but I am by your side.

I am free like the bird that flies aimlessly,
I can transcend from one place to another,
I feel the breeze that envelops my being,
I have no limits of time and space.

I only have the dawn,
the night never reaches the place where I am,
only radiant light vitalizes my spirit,
my soul rejoices in pleasure.

Do not cry for me, laugh and live your life,
delight yourself in doing good,
someday you will walk my path,
free from sadness and suffering.

©2020 Dr. Israel Cruz
02/14/20

Reflexión

No llores por mí porque ya no estoy,
no llores por mí porque no me ves,
no llores por mí porque no me oyes,
no llores por mí porque no me sientes.

Yo no me he ido, solo he regresado a mi hogar espiritual,
tú no me ves, pero yo te veo,
tú no me oyes, pero yo te escucho,
tú no me sientes, pero estoy a tu lado.

Soy libre como el ave que vuela sin rumbo,
puedo trascender de un lugar a otro,
siento la brisa que envuelve mi ser,
no tengo límites de tiempo y espacio.

Sólo tengo el amanecer,
la noche nunca llega al lugar donde me encuentro,
sólo luz resplandeciente vitaliza mi espíritu,
mi alma se regocija de placer.

No llores por mí, ríe y vive tu vida,
deléitate haciendo el bien,
algún día caminarás por mi camino,
libre de tristezas y sufrimiento.

©2020 Dr. Israel Cruz
14/02/20

The Liar

His life revolves around falsehood, not what's right,
He lies so much, he starts to believe his own plight,
No longer can he discern false from true,
Ignorance reigns, distorting his view.

Uncertainty thrives, as truth takes a backseat,
Inflicting harm on his journey, oh so discreet,
His insecurity thrives on deceit,
Abandoning what's right, embracing deceit.

©2020 Dr. Israel Cruz
01/03/20

El Mentiroso

Su vida se basa en la mentira y no en lo cierto,
Miente tanto que llega a creérselo,
Ya no sabe distinguir lo falso de lo verdadero,
La ignorancia domina su realidad,
Dando paso a lo incierto,
Haciéndose daño en su travesía,
Su inseguridad se alimenta
de la mentira,
Abandonando la verdad
de lo correcto y cierto.

©2020 Dr. Israel Cruz
03/01/20

Farewell to the Year

Silently it arrived, on tiptoes,
With mirth for many hearts to embrace,
And sorrow for others, seeking solace,
All gathered to bid the year adieu,
Welcoming hope for the future anew.

Embraces and kisses interplay,
Tears of elation glisten and sway.
Some find slumber's sweet embrace,
While an uncertain year takes its place,
Unaware of what lies beyond the bend,
We embrace the present, our laughter ascend.

Unfettered, we savor every delight,
No room for regret, our spirits alight.
Reviving cherished memories divine,
Leaving behind sorrows, no longer malign,
We pave the way for happiness to bloom,
Living in the moment, no longer consumed.

©2019 Dr. Israel Cruz
12/31/19

Despedida del Año

Llegó silenciosamente, de puntillas,
Con alegría para abrazar muchos corazones,
Y tristeza para otros, buscando consuelo,
Todos reunidos para despedir al año,
Dando la bienvenida a la esperanza del futuro renovado.

Abrazos y besos se entrelazan,
Lágrimas de alegría brillan y se mecen.
Algunos encuentran el dulce abrazo del sueño,
Mientras un año incierto toma su lugar,
Sin saber qué hay más allá de la curva,
Abrazamos el presente, nuestras risas se elevan.

Sin restricciones, saboreamos cada deleite,
Sin lugar para el arrepentimiento, nuestros espíritus se iluminan.
Reviviendo memorias divinas queridas,
Dejando atrás dolores que ya no son malignos,
Preparamos el camino para que la felicidad florezca,
Viviendo el momento, sin ser consumidos.

©2019 Dr. Israel Cruz
31/12/19

The Anguish of the Loved One

Desperation has begun,
You realize you are unprepared,
The search for what is necessary begins,
You become agitated, scream, unsure where to turn.

You call your friends and receive no response,
You wait all day and cry out again,
You got lost in something insignificant,
You realize when you hear your friend,
He apologizes for not calling you,
He reveals that his wife has suffered a heart attack,
Receiving the worst news one can expect,
His 26-year-old daughter has terminal cancer.

You are left speechless, unsure how to respond,
The suffering of a friend has touched your heart,
The storm has hit his home,
Leaving a destruction that cannot be forgotten,
The weeping of a husband, a father,
The loss of his wife and soon that of his daughter.

The anguish of the loved one has knocked on your door,
Your storm is not as severe as the one next to you.

©2019 Dr. Israel Cruz
12/16/19

La Angustia del Allegado

La desesperación ha comenzado,
Te das cuenta de que no estás preparado,
Comienza la búsqueda de lo necesario,
Te alteras, gritas, no sabes dónde acudir.

Llamas a tus amigos y no recibes respuesta,
Esperas todo el día y vuelves a clamar,
Te has perdido en algo insignificante,
Te das cuenta al escuchar a tu amigo,
Se disculpa por no llamarte,
Te revela que su esposa ha sufrido un infarto,
Al recibir la peor noticia que se puede esperar,
Su hija de 26 años tiene cáncer en etapa terminal.

Te quedas sin palabras, no sabes cómo contestar,
El sufrimiento de un amigo ha tocado tu corazón,
La tormenta ha golpeado su casa,
Dejará una destrucción que no se puede olvidar,
El llanto de un esposo, un padre,
La pérdida de su esposa y pronto la de su hija.

La angustia del allegado ha tocado tu puerta,
Tu tormenta no es tan grave como la del que está a tu lado.

©2019 Dr. Israel Cruz
16/12/19

Thanksgiving

Gratitude should be our daily guide,
not confined to a single tide,
recognizing our abundant joy,
we thank the universe for blessings deployed.

Family, friends, faith, health, and more,
laughter, joy, and love we pour,
we revel in the happiness we share,
gratitude should be our daily affair,
not limited to one calendar square.

Life's fleeting, like a passing breath,
let's not waste a second, lest we forget,
let's give thanks for each precious minute,
for the life we embrace and the moments within it.

©2019 Dr. Israel Cruz
11/24/19

Acción de Gracias

La gratitud debería ser nuestra guía diaria,
no limitada a una sola marea,
reconociendo nuestra alegría abundante,
agradecemos al universo por bendiciones desplegadas.

Familia, amigos, fe, salud y más,
risas, alegría y amor derramamos,
nos deleitamos en la felicidad que compartimos,
la gratitud debería ser nuestro asunto diario,
no limitado a un solo cuadro del calendario.

La vida es fugaz, como un aliento pasajero,
no perdamos un segundo, no lo olvidemos,
demos gracias por cada minuto precioso,
por la vida que abrazamos y los momentos en ella contenidos.

©2019 Dr. Israel Cruz
24/11/19

The Integrity of the Gifted

No one knows everything,
No one needs to know it all,
Wealth springs from the depths of the soul,
It does not bring material riches,
But spiritual wealth, that of the soul,
When the material no longer matters,
The spiritual emerges and takes the reins,
The heart reveals its feelings,
Humanity understands,
Delight no longer resides in the material,
But in the pleasant moments that embrace us,
The gifted one is not only the intellectually inclined,
But the one who loves humanity,
Without distinctions or barriers of colors.

©2019 Dr. Israel Cruz
11/16/19

La Integridad del Dotado

Nadie lo sabe todo,
Nadie precisa todo saber,
La riqueza brota del alma profunda,
No trae consigo riquezas materiales,
Sino riqueza espiritual, la del alma,
Cuando lo material ya no importa,
Lo espiritual emerge y toma las riendas,
El corazón revela sus sentimientos,
La humanidad lo comprende,
El deleite ya no reside en lo material,
Sino en los momentos gratos que nos abrazan,
El dotado no solo es aquel con intelecto,
Sino aquel que ama a la humanidad,
Sin distinciones ni barreras de colores.

©2019 Dr. Israel Cruz
16/11/19

The Novelty

Arriving at an unexpected moment,
The tragedy of an unforeseen loss,
Resonating comments are heard,
Sweet memories of the unexpected departed.

Nobly they speak, bearing witness,
Of those moments where talent shone,
No one mentions any negative aspect,
All remember only the attributes.

Why hide the truth?,
Even if it may be painful to express,
We live the novelty of an unsaid truth,
Covering the hidden with indifference.

It no longer matters if it's true or not,
What the departed lived in their existence,
Only the memory of an unexpressed truth remains.

©2019 Dr. Israel Cruz
11/11/19

La Novedad

Llega en un momento inesperado,
La tragedia de una pérdida imprevista,
Se escuchan comentarios resonando,
Dulces memorias del difunto inesperado.

Hablan con nobleza y testimonio,
De aquellos momentos donde el talento brilló,
Nadie menciona algún aspecto negativo,
Todos recuerdan solo sus atributos.

¿Por qué ocultar la verdad?,
Aunque pueda ser doloroso expresarla,
Vivimos la novedad de una verdad no dicha,
Cubriendo lo oculto con indiferencia.

Ya no importa si es verdadero o no,
Lo que el difunto vivió en su existencia,
Solo queda el recuerdo de una verdad no expresada.

©2019 Dr. Israel Cruz
11/11/19

Carlos Yabin

Is the given name,
to that child who was born
on August 28th.

Firstborn son,
loved by his parents with passion,
accepting virtues and flaws,
laughing, crying, enjoying fervently.

His sister adores him,
he is her idol,
penetrating love,
taught by his family.

Not only with words,
but with affection and understanding.
Today you are a good man,
with a smile that reflects who you are.

Despite the darkness and storms,
that smile has never been absent.
Turning 40 years old,
your evaluation cycle is reached.

A new decade begins in your life,
walk and enjoy the moment,

Carlos Yabin

Es el nombre dado,
a aquel niño que nació
un 28 de agosto.

Hijo primogénito,
amado por sus padres con pasión,
aceptando virtudes y defectos,
riendo, llorando, gozando con fervor.

Su hermana lo adora,
él es su ídolo,
amor penetrante,
su familia le enseñó.

No solo con palabras,
sino con cariño y comprensión.
Hoy eres un hombre de bien,
con una sonrisa que refleja quién eres.

A pesar de las tinieblas y tormentas,
esa sonrisa nunca te ha faltado.
Cumpliendo 40 años,
tu ciclo de evaluación se encuentra.

Una nueva década comienza en tu vida,
camina y disfruta el momento,

without ceasing to be who you are.
You have a sixth sense yet to be discovered.

Don't fear, walk towards your horizon,
you will reach the top without reproach.

© 2019 Dr. Israel Cruz
08/28/19

sin dejar de ser quien eres.
Tienes un sexto sentido aún no descubierto.

No temas, camina hacia tu horizonte,
llegarás a la cima sin reproche.

© 2019 Dr. Israel Cruz
28/08/19

The Malice of Ignorance

Throwing stones, challenging the guard,
Speaking without common sense,
Repeating what is heard without knowing its origin,
Living only in their own world,
Offending while defending their point,
Capable of defending what is not theirs,
Their life is wrapped in their ignorance.

©2019 Dr. Israel Cruz
07/17/19

La Maldad de la Ignorancia

Tirando piedras, desafía al guardián,
Habla sin cordura ni razón,
Repite lo que oye sin conocer su origen,
Habita en un mundo propio,
Ofende mientras defiende su posición,
Capaz de proteger lo ajeno,
Su vida cubierta de ignorancia.

©2019 Dr. Israel Cruz
17/07/19

The Hypocrisy of the Politician

They offer more than they can give,
They lie and believe their own lies.
They criticize each other negatively,
But they all eat from the same plate of deception.

They take advantage of the poorly educated people,
They forget once in their position what they promised.
They continue criticizing and hiding their weaknesses,
They delight in seeing the ignorance of a confused people.

To politicians, the people matter little,
They only care about what they have obtained:
Position, status, benefits, and a place in what will be written.

©2019 Dr. Israel Cruz
07/16/2019

La Hipocresía del Político

Ofrecen más de lo que pueden dar,
Mienten y se creen sus mentiras.
Se critican negativamente uno y otro,
Pero comen en el mismo plato de la decepción.

Se aprovechan del pueblo poco instruido,
Se olvidan una vez en su puesto de lo ofrecido.
Continúan criticando y ocultando sus debilidades,
Se deleitan viendo la ignorancia de un pueblo confundido.

A los políticos el pueblo poco les importa,
Sólo les importa lo que ellos han obtenido:
Posición, estatus, beneficios y lugar en lo que se habrá escrito.

©2019 Dr. Israel Cruz
16/07/19

The Weeping of Our People

The people cry with longing,
But they are not heard,
The louder they shout,
The less they are listened to,

The mistreatment of so many years,
Now begins to emerge,
Due to the corrupt politicians,
From both parties that have governed,

To a people who strive to vote for a symbol,
And not for a better candidate,
Today they pay the price of what they have sown,
Many delight in salaries and benefits,
While others have been deprived,
Of their pension, their retirement,
The benefits they themselves paid for,

While the rulers and their people,
Have been granted rights and benefits,
They pay for an escort for every present and past ruler,
Puerto Rico is the only country that provides such a benefit,
To a ruler rejected by the people,

El Llanto de Nuestro Pueblo

El pueblo ansioso grita,
pero no lo escuchan.
Cuanto más alto grita,
menos le prestan atención.

El maltrato de tantos años
ahora aflora,
causado por políticos corruptos
de ambos partidos que han gobernado.

Un pueblo se esfuerza en votar
por una insignia,
y no por un candidato mejor.
Hoy pagan el precio de lo cosechado,
mientras muchos se regodean con sueldos y beneficios.

A otros les han arrebatado
su pensión, su retiro,
los beneficios que ellos mismos pagaron.
Mientras tanto, a los gobernantes y su círculo
les han otorgado derechos y beneficios.

Escoltas se les pagan a cada gobernante,
presente y pasado.
Puerto Rico es el único país que provee
tal beneficio a un gobernante rechazado por el pueblo.

Awake, Boricua, and defend your homeland,
Protest what has happened without destroying what is yours,
Respecting and valuing those who protect you,
Uplifting the honor of being who you are,
A Puerto Rican who loves and respects their island and their people.

© 2019 Dr. Israel Cruz
07/15/19

Despierta, Boricua, defiende tu patria,
protesta sin destruir lo que es tuyo,
respetando y valorando a quienes te protegen,
levantando el honor de ser quien eres,
un puertorriqueño que ama y respeta su isla y su gente.

© 2019 Dr. Israel Cruz
15/07/19

The Silent Love

Silence envelops me,
The love that silently I feel,
For your being that I can't find,
Neither in the day, nor in the night,
Only in my thoughts.

I relive that moment,
When we met,
When we shared a moment of leisure,
That instant that forever marked,
My life completely.

The first time you caressed me,
Kissed me, embraced me,
You took me to the peak of something so beautiful,
Then you disappeared like a thief in the darkness,
Without looking back, without ever calling me.

You only left the memory of that moment,
That completely marked my life,
The love that grew in silence,
The instant that left beautiful memories,
That's why I continue loving you in silence.

©2019 Dr. Israel Cruz
07/14/2019

El Amor Silencioso

El silencio me envuelve,
El amor que en silencio siento,
Por tu ser que no encuentro,
Ni en el día, ni en la noche,
Solo en el pensamiento.

Revivo aquel momento,
Cuando nos conocimos,
Cuando compartimos un rato de asueto,
Ese instante que marcó para siempre,
Mi vida por completo.

La primera vez que me acariciaste,
Me besaste, me abrazaste,
Me llevaste a la cima de algo tan bello,
Luego desapareciste como un ladrón en la oscuridad,
Sin mirar atrás, sin llamarme jamás.

Solo dejaste el recuerdo de aquel momento,
Que mi vida marcó por completo,
El amor que creció en silencio,
El instante que dejó hermosos recuerdos,
Por eso te sigo amando en silencio.

©2019 Dr. Israel Cruz
14/07/19

The Lost Innocence

You wandered through the fields,
filled with joy and contagious smiles.
You walked, you ran, delighting in the pure air,
rested under an oak tree,
dreamed as you fell asleep.

Nature offered you all that was pure,
you were transported beyond when looking at the mountain,
and also the plain.

Today, only memories remain
of a childhood filled with omens.
Your childhood represented what the future would be.

©2019 Dr. Israel Cruz
07/06/19

La Inocencia Perdida

Recorriste los campos,
llenos de alegría y sonrisas contagiosas.
Caminaste, corriste, deleitándote del aire puro,
descansaste bajo un roble,
soñaste al quedarte dormido.

La naturaleza te ofreció todo lo puro,
te transportaste al más allá al mirar la montaña,
también el llano.

Hoy solo quedan recuerdos
de una niñez repleta de augurios.
Tu infancia representó lo que sería el futuro.

©2019 Dr. Israel Cruz
06/07/19

Reflections on my 62nd Birthday

The night fell after a great day of rest,
I awaited it eagerly,
Accepting it instantly,
In the early morning, another year would knock on the door of my being,
62 to be more precise,
Remembering what has been achieved, what has been obtained,
During another year that has passed,
Looking at the horizon and contemplating
the beauty of the universe,
Understanding that life can be just a moment,
Giving thanks for the journey traveled
and for the paths yet to be explored,
The internal and external beauty,
Physical, mental, and emotional health,
Without wasting a second remembering something unpleasant,
And yes, delighting in knowing
that with my flaws and virtues,
I have been blessed without need.

© 2019 Dr. Israel Cruz
07/01/19

Reflexiones en mi 62 Cumpleaños

Cayó la noche tras un gran día de asueto,
La esperaba con ansias,
Aceptando al instante,
En la madrugada otro año llamaría a la puerta de mi ser,
62 para ser más exacto,
Recordando lo logrado, lo obtenido,
Durante un año más que ha pasado,
Mirando al horizonte y contemplando
la belleza del universo,
Entendiendo que la vida puede ser solo un instante,
Dando gracias por todo el camino recorrido
y por los caminos por recorrer,
La belleza interna y externa,
La salud física, mental y emocional,
Sin perder un segundo recordando algo ingrato,
Y sí, dclcitándome al saber
que con mis defectos y virtudes,
he sido bendecido sin menester.

© 2019 Dr. Israel Cruz
01/07/19

Fanaticism

You believe you are right when defending your government,
Or your preferred religion, or lifestyle,
You defend your stance while hurting others,
Regardless of what is truly right,
You only see what you want to see through your ideology,
You do not respect the rights of others,
Yet you demand respect,
Fanaticism imprisons you and only brings destruction,
To the president, the ruler, you do not matter for a moment,
Observe how they live, what they obtain and will obtain,
While you get entangled in something so insignificant,
Politics and its ruler,
Alone you will find yourself when everything calms down,
To them, you are no longer important.

© 2019 Dr. Israel Cruz
06/17/19

El Fanatismo

Crees estar en lo correcto al defender a tu gobernante,
O a tu religión preferida, o estilo de vida,
Defiendes tu postura mientras hieres a otros,
Sin importar lo que está en lo correcto,
Sólo ves lo que quieres ver por tu ideología,
No respetas los derechos de los demás,
Pero exiges respeto,
El fanatismo te aprisiona y solo trae destrucción,
Al presidente, al gobernante, no le importas un instante,
Observa cómo vive, lo que obtiene y lo que obtendrá,
Mientras te enfrascas en algo tan insignificante,
La política y su gobernante,
Sólo te encontrará cuando todo se calme,
A ellos tú ya no le importa .

© 2019 Dr. Israel Cruz
17/06/19

You Know, Son...

Father's and Mother's Day is not limited to just one,
Just like your day, it is not either,
The most beautiful thing, my son, is to share even a few minutes,
Remembering those pleasant moments of rest,
Shared joy, unique moments,
You know, son...
Sharing with you is also wonderful,
I saw you being born, grow up, study, and achieve your goals,
It fills me with happiness to know that you are a good person,
Kind, affectionate, respectful, dedicated,
Your gaze reflects respect and dedication,
You know, son...
Today I am your father, tomorrow I will be a grandfather,
I just want you to know how much I love you,
That the love I give you as a father,
You also give to your children,
Sharing with you, my child, is incomparable,
You know, son...
My love for you is unbreakable.

©2019 Dr. Israel Cruz
06/16/19

Sabes, Hijo...

El día de los padres y las madres no se limita a uno solo,
Al igual que tu día, tampoco lo es,
Lo más hermoso, hijo mío, es compartir aunque sea unos minutos,
Recordando aquellos momentos agradables de descanso,
Alegría compartida, momentos únicos,
Sabes, hijo...
Compartir contigo también es maravilloso,
Te vi nacer, crecer, estudiar y alcanzar tus metas,
Me llena de felicidad saber que eres una persona de bien,
Amable, cariñoso, respetuoso, dedicado,
Tu mirada refleja respeto y dedicación,
Sabes, hijo...
Hoy soy tu padre, mañana seré abuelo,
Solo quiero que sepas cuánto te quiero,
Que el amor que como padre te brindo,
Tú también lo regales a tus hijos,
Compartir contigo, mi niño, es incomparable,
Sabes, hijo...
Mi amor por ti es inquebrantable.

©2019 Dr. Israel Cruz
16/06/19

The Game of Uncertainty

You create chaos to evade reality,
You are the fruit of insecurity,
You submerge yourself in the waters of darkness,
You play the role of victim,
Thus conquering the weak and insecure,
You wrap your friend like a spider capturing its prey,
In them, you create chaos and weakness,
Hatred and resentment envelop you with precision,
Without realizing that destruction reaches you,
Because of the uncertainty you generate.

© 2019, Dr. Israel Cruz
06/15/19

El Juego de la Incertidumbre

Creas el caos para evadir la realidad,
Eres fruto de la inseguridad,
Te sumerges en las aguas de la oscuridad,
Juegas el papel de víctima,
Así conquistas al débil e inseguro,
Envuelves a tu amigo como araña que a su presa atrapa,
En él creas caos y debilidad,
El odio y el rencor te envuelven con precisión,
Sin percatarte de que la destrucción llega a ti,
Por la incertidumbre que tú generas.

© 2019, Dr. Israel Cruz
15/06/19

Journey of Self-Discovery

Today, I walk along the longest path of my existence,
The one that guides me towards new horizons,
In search of truth in the unknown,
Nourishing my soul and my mind,
Acknowledging that I am not perfect,
That I still have much to learn,
Accepting the good and the bad that happens in my life,
Whether alone or accompanied, I advance on my journey,
Giving thanks for what I have accomplished and what is yet to come,
Brightening my spirit, elevating my being,
Discovering who I am and where I am headed.

©2019 Dr. Israel Cruz
06/13/19

Viaje de Auto-Descubrimiento

Hoy, camino por el sendero más largo de mi existencia,
Aquel que me guía hacia nuevos horizontes,
En busca de la verdad en lo desconocido,
Nutriendo mi alma y mi mente,
Reconociendo que no soy perfecto,
Que aún tengo mucho por aprender,
Aceptando lo bueno y lo malo que ocurre en mi vida,
Ya sea solo o acompañado, avanzo en mi camino,
Dando gracias por lo alcanzado y lo que está por venir,
Alegrando mi espíritu, enalteciendo mi ser,
Descubriendo quién soy y hacia dónde me dirijo.

©2019 Dr. Israel Cruz
13/06/19

Invisible Bonds

Many eloquent ones speak,
with words that express,
that they love their mother,
and that they would miss her if one day she was not here.

But they don't realize,
that even though they are close,
they don't dedicate a minute to share with her,
their excuses are always the same.

"I'm busy, I don't have time, I can't make it,"
they murmur incessantly,
without realizing that a minute dedicated to her,
will keep pleasant memories in their being.

Don't wait until it's too late,
to scream your concern to the wind,
because she won't be there anymore, she won't be able to hear you,
life spins and tumbles, like a whirlwind.

And someday, your children will also be busy,
without time, without arriving,
and then you will understand,
what you now don't value or appreciate.

©2019 Dr. Israel Cruz
05/11/19

Vínculos Invisibles

Muchos elocuentes hablan,
con palabras que expresan,
que aman a su madre,
y que sentirían su falta si un día no estuviera.

Pero no se dan cuenta,
que aunque cerca se encuentren,
no dedican un minuto para compartir con ella,
sus excusas son siempre las mismas.

"Estoy ocupado, no tengo tiempo, no puedo llegar",
murmuran sin cesar,
sin percatarse de que un minuto dedicado a ella,
guardará gratos recuerdos en su ser.

No esperes hasta que sea demasiado tarde,
para gritar al viento tu preocupación,
pues ella ya no estará, no podrá escucharte,
la vida da vueltas y tumbos, como un torbellino.

Y algún día, tus hijos también estarán ocupados,
sin tiempo, sin llegar,
y entonces comprenderás,
lo que ahora no valoras ni aprecias.

©2019 Dr. Israel Cruz
11/05/19

Why Cry?

We cry with joy,
as well as with sadness,
we cry momentarily,
and also meticulously.
We cry just to pretend,
but also deeply.
Tears arise from feelings,
that somehow touch your soul.
Cry as much as you want,
and for whatever you desire,
it's your tears that you will shed,
those who don't understand it,
let them learn and respect,
your desires to cry.

© 2019 Dr. Israel Cruz
03/30/19

¿Por Qué Llorar?

Se llora de alegría,
también de tristeza,
se llora momentáneamente,
también esmeradamente.
Se llora solo para fingir,
pero también profundamente.
El llanto surge de sentimientos,
que de algún modo tocan tu alma.
Llora todo lo que quieras,
y por lo que desees,
son tus lágrimas las que derramarás,
quien no lo entienda,
que aprenda y respete,
tus deseos de llorar.

©2019 Dr. Israel Cruz
30/03/19

The Political Farce

Oh, the profuse verbosity of politicians,
Generating inequality, insecurity,
Promoting deceit,
Promising and not delivering,
Seducing the people,
Claiming superiority over their peers,
In reality, they are identical,
They use the media,
To confuse the people,
Creating fear of the unknown,
Crafting fantasies they cannot fulfill,
Benefiting the wealthy,
For they gain from them,
Throwing crumbs to the poor,
Taking even more from the middle class,
Don't believe that the politician worries about you,
They enter power with little,
And leave enriched, though it may be hard to believe,
Their contacts, investments, salaries, and pensions,
Allow them to navigate with great ease,
When they leave their position,
To resume their private lives.

© 2019 Dr. Israel Cruz
03/24/19

La Farsa Política

Cuán profusa es la verborrea de los políticos,
Generan desigualdad, inseguridad,
Promueven el engaño,
Prometen y no cumplen,
Seducen al pueblo,
Prometiéndose superiores a sus pares,
En realidad, son idénticos,
Utilizan los medios,
Para confundir al pueblo,
Creando temor a lo desconocido,
Creando fantasías que no pueden cumplir,
Benefician a los ricos,
Pues de ellos obtienen provecho,
A los pobres les otorgan una migaja,
A la clase media le arrebatan aún más,
No creas que el político se preocupa por ti,
Ingresan al poder con poco,
Y salen enriquecidos, aunque te cueste creerlo,
Sus contactos, inversiones, salarios y pensiones,
Les permiten desenvolverse con gran soltura,
Cuando abandonan su cargo,
Para retomar su vida privada.

© 2019 Dr. Israel Cruz
24/03/19

Our Planet

Our planet cries out,
begs for love,
but it is viciously destroyed,
its trees ravaged,
leaving only ashes in their honor,
the fertile soil is stripped,
with chemicals that do not favor it,
leaving trash on its beaches,
carried away by the current,
materials that harm marine life,
indifferent to the surroundings,
yet you complain about the afflictions,
created by your negligence and that of others,
when it is your fault our habitat disappears.

©2019 Dr. Israel Cruz
03/19/19

Nuestro Planeta

Nuestro planeta clama,
implora amor,
pero es vilmente destruido,
sus árboles arrasados,
quedando solo cenizas en su honor,
el suelo fértil es despojado,
con químicos que no le favorecen,
deja basura en sus playas,
que la corriente se lleva,
material que daña la vida marina,
indiferente al entorno,
pero te quejas de males que aquejan,
creados por tu negligencia y la de otros,
cuando por tu culpa nuestro hábitat desaparece.

©2019 Dr. Israel Cruz
19/03/19

Condemning Racism

Condemn racism when it concerns your race,
Your culture, or social group,
Silence your voice when you hear others speak,
About groups that you care little about.

Seek excuses to let it slide,
When it confronts you with the occasional discussion,
Of racism that hides against others,
Racism destroys you.

It doesn't allow you to enjoy and learn,
That we are all equal,
That acceptance is essential,
To live in peace and enjoy life.

To know, enjoy, and marvel,
A life without prejudice and racism,
Learning from each other,
Without disdain or discomfort.

©2019 Dr. Israel Cruz
03/11/19

Condenando el Racismo

Condena al racismo cuando se trata de tu raza,
De tu cultura o grupo social,
Silencia tu voz cuando escucha hablar a otros,
De grupos que poco te interesan.

Busca excusas para dejarlo pasar,
Cuando te confronta con la discusión eventual,
Del racismo que oculta contra los demás,
El racismo te destruye.

No te permite gozar y aprender,
Que todos somos iguales,
Que la aceptación es esencial,
Para vivir en paz y disfrutar de la vida.

Conocer, disfrutar y maravillarse,
Una vida sin prejuicios y racismo,
Aprendiendo de cada uno,
Sin desprecio ni malestar.

©2019 Dr. Israel Cruz
11/03/19

Dementia

You walk aimlessly, without pause,
Thirst overwhelms you, consumes you,
Hunger makes you delirious,
In the streets filled with people,
No one sees you, they pass by,
Pretending not to see you, ignoring your agony,
Help is denied to you mercilessly,
They only see in you what you appear today,
Unaware of your true being,
The one who had a home,
A family longing to love,
Those who threw you into the street,
Without knowing your suffering,
Those who didn't trust in you,
Those who didn't love you,
Those who never cared,
When they didn't see you return home,
Today they call you a vagabond,
Without knowing the reality,
Dementia has attacked you,
You can no longer remember,
A family that hasn't tried to find you,
You continue wandering into the unknown,
You continue walking without rest.

©2019 Dr. Israel Cruz
03/11/19

Demencia

Camina sin rumbo, sin cesar,
La sed te agobia, te consume,
El hambre te hace delirar,
En las calles llenas de gente,
Nadie te ve, pasan de largo,
Fingen no verte, ignoran tu agonía,
Ayuda te niegan sin piedad,
Solo ven en ti lo que aparentas hoy,
Desconocen tu verdadero ser,
Aquel que un hogar tenía,
Una familia que anhelaba amar,
Los que te arrojaron a la calle,
Sin conocer tu padecer,
Los que no confiaron en ti,
Los que no te amaron,
Aquellos que jamás se preocuparon,
Cuando no te vieron regresar a casa,
Hoy te llaman vagabundo,
Sin conocer la realidad,
La demencia te ha atacado,
Ya no puedes recordar,
Una familia que no ha intentado encontrarte,
Sigues vagando por lo desconocido,
Sigues caminando sin descansar.

©2019 Dr. Israel Cruz
11/03/19

Dissatisfaction

Creator of chaos in your life,
You don't understand reality, submerged,
Your insecurity, singular and unique,
Destroyer of humanity, tragic.

Constantly criticizing the good and the bad,
Your dissatisfaction, deadly like the sea,
Nothing pleases you, you live in darkness,
Immersed in an abyss that you never escape.

©2019 Dr. Israel Cruz
02/26/19

Insatisfacción

Creadora de caos en tu vida,
No comprendes la realidad, sumergida,
Tu inseguridad, singular y única,
Destruidora de la humanidad, trágica.

Críticas al bueno y al malo sin cesar,
Tu insatisfacción, mortal como el mar,
Nada te agrada, en tu oscuridad vives,
Sumido en un abismo que nunca esquives.

©2019 Dr. Israel Cruz
26/02/19

Do It

Find the path that will guide you to success,
Whether walking alone or with beloved company,
You will undoubtedly find triumph,
Do not despair if fatigue catches up with you,
Just pause, rest, and continue,
At the end of the long journey, you will find yourself,
Enjoying the harvest of your sacrifice,
Rejoicing joyfully,
For the achieved accomplishment,
Without looking back to see what you have left behind.

©2019 Dr. Israel Cruz
02/25/19

Hazlo

Encuentra el sendero que al éxito te guiará,
Andando solo o en compañía amada,
El triunfo hallarás, sin duda alguna,
No te desesperes si el cansancio te alcanza,
Tan solo detente, descansa, prosigue,
Al final de la larga travesía te encontrarás,
Gozando la cosecha de tu sacrificio,
Regocijándote alegremente,
Por el logro alcanzado,
Sin voltear atrás para ver lo que has dejado.

©2019 Dr. Israel Cruz
25/02/19

Pretentious

You pretend to be what you're not,
You speak with eloquence,
You've mastered the manners,
You immerse yourself in high society,
You rely on cameras and photographers,
You read the society page of the newspaper,
You assess your posture and seek improvement,
You only do it to appear,
You no longer recognize yourself,
You have forgotten who you truly are,
When you look in the mirror, you see what you pretend,
You don't see what you truly are,
You're not bothered by that fictional world,
In which you hide,
You live in a world of fantasy,
Everyone knows it doesn't belong to you.

©2019 Dr. Israel Cruz
02/24/19

Pretencioso

Aparentas ser lo que no eres,
Hablas con elocuencia,
Has aprendido los modales,
Te envuelve en la alta sociedad,
Recurres a las cámaras y a los fotógrafos,
Lees la página social del periódico,
Evalúas tu postura y buscas mejorar,
Solo lo haces para aparentar,
Ya no te reconoces a ti mismo,
Te has olvidado de quién realmente eres,
Al mirarte en el espejo ves lo que aparentas,
No ves lo que realmente eres,
No te molesta ese mundo ficticio,
En el que te escondes,
Vives en un mundo de fantasía,
Todo el mundo sabe que no te pertenece.

©2019 Dr. Israel Cruz
24/02/19

The Internal Cry

Sleep drains you until exhaustion,
you close your eyes and begin to remember,
it's as if you're hypnotized,
your mind delves into already treaded fields.

Your childhood, adolescence, and maturity,
cross mountains and endless valleys,
each step taken touches upon a past event,
the good and memorable memories,
but also the sad and bitter ones.

It's a journey that lasts all night,
a journey that makes you confront,
that internal cry you don't want to show.

©2019 Dr. Israel Cruz
02/20/19

El Llanto Interno

El sueño te agota hasta el cansancio,
cierras tus ojos y comienzas a recordar,
es como si estuvieras hipnotizado,
tu mente se adentra en campos ya pisados.

Tu niñez, adolescencia y madurez,
atraviesa montañas y valles sin fin,
cada paso dado toca un evento ocurrido,
los recuerdos buenos y memorables,
pero también los tristes y amargos.

Es un viaje que dura toda la noche,
un viaje que te hace enfrentar,
ese llanto interno que no quieres mostrar.

©2019 Dr. Israel Cruz
20/02/19

The Ignorant

The ignorant can only glimpse,
The gap that widens,
Fear envelops them, without understanding,
And in their prejudice, they defend themselves.

They use racism, humiliate and despise,
To compensate for their lack,
Ignorance prevails and is inherited,
Generating hatred and discord.

Without realizing that their lack of knowledge,
Has taught them to feel inferior,
If they were equal or superior,
They wouldn't spread hatred and resentment.

©2019 Dr. Israel Cruz
02/17/19

El Ignorante

El ignorante solo puede vislumbrar,
La brecha que se extiende,
El miedo lo envuelve, sin comprender,
Y en su prejuicio se defiende.

Utiliza el racismo, humilla y desprecia,
Para compensar su carencia,
La ignorancia prevalece y hereda,
Generando odio y desavenencia.

Sin percatarse que su falta de saber,
Le ha enseñado a sentirse inferior,
Si fuese igual o superior,
No propagaría odio y rencor.

©2019 Dr. Israel Cruz
17/2/19

Firearms

You defend the right to possess firearms,
you have every right to do so,
but you do not have the right to defend weapons in destructive hands,
in the hands of mentally ill individuals,
in the hands of criminals,
in the hands of those who lack respect for humanity.

You defend the right to possess firearms,
but you have not experienced the loss of a loved one,
caused by the misuse of a weapon,
by an individual lacking common sense,
by a thief armed in your home,
by a criminal assaulting on the street,
by a rapist kidnapping your son or daughter.

You defend the right to obtain firearms,
but you fail to realize that one day,
the unexpected death of a loved one caused by a weapon,
will knock on your door.

© 2019 Dr. Israel Cruz
02/14/19

Armas De Fuego

Defiendes el derecho a poseer armas,
tienes todo el derecho de hacerlo,
pero no tienes el derecho de defender armas en manos destructivas,
en manos de personas con enfermedad mental,
en manos de delincuentes,
en manos de aquellos sin respeto por la humanidad.

Defiendes el derecho a poseer armas,
pero no has sufrido la pérdida de un ser amado,
causada por el mal uso de un arma,
por un individuo sin sentido común,
por un ladrón que entra armado a tu morada,
por un delincuente que asalta en la calle,
por un violador que secuestra a tu hijo o hija.

Defiendes el derecho a obtener armas,
pero no te das cuenta de que algún día, a tu puerta tocará
la muerte inesperada de un ser querido, causada por un arma.

© 2019 Dr. Israel Cruz
14/02/2019

Now

Now is the moment to live your life,
It's not yesterday or tomorrow,
It's now, this second you're experiencing,
Live fully even though tragedies have occurred.

When you've shed tears,
When you've faced disappointments,
When sadness has engulfed your life,
It is in this moment that you must live, beloved.

When you laugh uncontrollably,
When you admire the sunrise endlessly,
When a smile caresses your being,
When you share pleasure with friends and family.

When you remember yesterday with gratitude,
When you thank the universe for your virtue,
Now, in this precise moment,
Is when you must live, without lament.

It's not yesterday, it's not tomorrow, it's now,
Live intensely, without delay.

© 2019 Dr. Israel Cruz
02/13/19

Ahora

Ahora es el instante de vivir tu vida,
No es el ayer ni el mañana,
Es el ahora, este segundo que estás viviendo,
Vive plenamente aunque tragedias hayan ocurrido.

Cuando lágrimas hayas derramado,
Cuando disgustos hayas afrontado,
Cuando la tristeza tu vida haya embargado,
Es en este momento que debes vivir, amado.

Cuando ríes a carcajadas sin cesar,
Cuando admiras el amanecer sin parar,
Cuando una sonrisa acaricia tu ser,
Cuando compartes con amigos y familiares, placer.

Cuando recuerdas el ayer con gratitud,
Cuando agradezcas al universo por tu virtud,
Ahora, en este preciso momento,
Es cuando debes vivir, sin lamento.

No es el ayer, no es el mañana, es el ahora,
Vive intensamente, sin demora.

© 2019 Dr. Israel Cruz
13/02/19

Cancer

Implacable in its path,
It arrives without warning, stealthy and relentless,
Ravaging everything in its wake,
Sowing chaos in body and spirit,
Reveling in the suffering it begets.

It doesn't care who it hurts,
Child, young, adult or elderly,
It ignores pleas and advice,
Whether one delays seeking help,
Whether one fears medical instructions,
It savors human torment.

But in the end, you think you have triumphed,
Yet you perish and lie in ruins,
As the human being extinguishes,
Your defeat is sealed.

©2019 Dr. Israel Cruz
02/03/19

El Cáncer

Implacable en su andar,
Llega sin aviso, sigiloso y pertinaz,
Arrasando todo a su paso,
Sembrando el caos en cuerpo y espíritu,
Gozando del sufrimiento que engendra.

No le importa a quién hiere,
Niño, joven, adulto o anciano,
Ignora las súplicas y consejos,
Si se demora en buscar auxilio,
Si se teme a las indicaciones médicas,
Saborea el tormento humano.

Pero al final, crees haber triunfado,
Pero pereces y en ruinas yaces,
Al extinguirse el ser humano,
Tu derrota queda sellada.

©2019 Dr. Israel Cruz
03/02/19

Sad Soul

Your soul bleeds ceaselessly,
for events beyond your control,
the burden of guilt makes your heart weep,
know that you carry no blame.

Everything holds purpose in its embrace,
seek solace within, in spiritual grace,
acceptance and reflection, for your soul's embrace.

©2019 Dr. Israel Cruz
02/03/19

Alma Triste

Tu alma sangra incesante,
por eventos que escapan a tu control,
la carga de culpa hace llorar a tu corazón,
saber que no cargas ningún reproche.

Todo tiene un propósito en su abrazo,
busca consuelo en tu interior, en la gracia espiritual,
aceptación y reflexión, para el abrazo de tu alma.

©2019 Dr. Israel Cruz
03/02/19

Remembering

Remembering is living,
reliving the good or bad that has happened,
I prefer to reminisce about the good,
so my soul rejoices,
the bad only brings sadness to my heart,
desperation and anxiety.

The good brings peace to my being,
grief brings sadness,
knowing that the spirit transports itself,
and energy transforms,
brings serenity to my existence.

The day will come when, without wings, I will fly,
free from material bonds,
without pain I will run through infinite fields,
savoring the freedom of my soul.

© 2019 Dr. Israel Cruz
02/01/19

Recordar

Recordar es vivir,
revivir lo bueno o malo que ha ocurrido,
prefiero rememorar lo bueno,
así mi alma se regocija,
lo malo sólo trae tristeza a mi corazón,
desesperación y ansiedad.

Lo bueno trae paz a mi ser,
el duelo trae tristeza,
saber que el espíritu se transporta,
y la energía se transforma,
trae serenidad a mi existencia.

Llegará el día en que, sin alas, volaré,
libre de ataduras materiales,
sin dolor correré por campos infinitos,
saboreando la libertad de mi alma.

© 2019 Dr. Israel Cruz
02/01/19

Farewell

The time has come for my departure,
A year that has completed its journey,
In my book of life, new stories woven,
Without regrets or reproaches, without longing.

I am ready to start anew,
The upcoming year approaches eagerly,
Everyone celebrates joyfully, it's true,
Although some with sadness in their hearts.

We gaze at the horizon with hope,
Expressing gratitude in our words,
For all that has been achieved and what remains in abundance,
For a new year of relentless experiences.

Enjoying what the universe has bestowed upon us,
Love, forgiveness, laughter, delight in every sunrise,
Thus we continue walking, undefeated,
May 2019 be a year to flourish!

©2018 Dr. Israel Cruz
12/31/18

Despedida

Llegó el momento de mi partida,
Un año que ha concluido su andanza,
En mi libro de vida, nuevas historias tejidas,
Sin lamentos ni reproches, sin añoranza.

Listo estoy para comenzar de nuevo,
El año venidero se acerca con ansias,
Todos celebran alegremente, es cierto,
Aunque algunos con tristeza en sus entrañas.

Miramos al horizonte con esperanza,
Expresando gratitud en nuestras palabras,
Por todo lo logrado y lo que quedó en bonanza,
Por un nuevo año de experiencias sin treguas.

Disfrutando lo que el universo nos ha brindado,
Amor, perdón, risas, goce en cada amanecer,
Así seguimos caminando, sin ser derrotados,
¡Que el 2019 sea un año para florecer!

©2018 Dr. Israel Cruz
31/12/18

Freedom

Are you truly free?
Or is it just the essence of your feelings?
Do you possess true freedom?
Without ties to the past or the future?
Do you live in the present?
Can you do what you long for?
Or must you ask for permission and justify it?
Unleash the chains that you alone have tied,
Free yourself and soar fearlessly,
Reach your goals, gaze at the horizon,
Without looking back, without dwelling on what has been left behind.
Strive for what you desire,
Without being bound by fear and uncertainty,
Free yourself completely, like a bird in search of its home,
Only you can seek and find your freedom.

© 2018 Dr. Israel Cruz
12/29/18

Libertad

¿Eres libre acaso?
¿O es solo la esencia de tu sentir?
¿Tienes, en verdad, libertad plena?
¿Sin ataduras al pasado o al futuro?
¿Vives en el presente?
¿Puedes hacer lo que anhelas?
¿O debes pedir permiso y justificarlo?
Desata las cadenas que solo tú has amarrado,
Libérate y vuela alto sin temor alguno,
Alcanza tus metas, mira al horizonte,
Sin voltear atrás, sin mirar lo que ha quedado.
Esmérate por aquello que deseas,
Sin estar atado al miedo y a la incertidumbre,
Libérate por completo, como ave en busca de su hogar,
Solo tú puedes buscar y hallar tu libertad.

© 2018 Dr. Israel Cruz
29/12/18

The Moment

Brings joys and sorrows,
Laughter that echoes in the wind,
Tears that flow like rivers,
The heart beats, fast or slow.

Suffering seeps into the soul,
Without words to calm the weeping,
Without actions to soothe the pain,
Life, a whirlwind that moves without failing.

Life, powerful and abrupt,
Must be lived with all its essence,
Appreciating each moment,
Loving fervently and without resistance.

© 2018 Dr. Israel Cruz
12/27/18

El Momento

Trae alegrías y tristezas,
Risas que se escuchan en el viento,
Lágrimas que brotan como ríos,
El corazón palpita, rápido o lento,

El sufrimiento se adentra en el alma,
Sin palabras que calmen el llanto,
Sin acciones que apacigüen el dolor,
La vida, un torbellino que avanza sin falta,

La vida, poderosa y abrupta,
Debe ser vivida con toda su esencia,
Apreciando cada instante,
Amando con fervor y sin resistencia.

© 2018 Dr. Israel Cruz
27/12/18

The Darkness

The darkness veiled the dawn and also the day,
As if the night didn't want to depart, granting the sun the pleasure to shine,
Its gray explosion hinted at how extensive the day would be,
Drops fell and vanished upon touching the soaked ground,
due to rain, cold, and snow,
The uncertainty of sad memories could be sensed,
The ghost of loneliness enveloped each being, denying them a moment of joy,
The darkness caressed everyone with delirious laughter,
The darkness of the night arrived unannounced,
The cold caresses the endlessly trembling skin,
The fire in the fireplace brings the long-awaited light of the day that never came,
The emanating warmth kisses the skin,
The flames of the fire evoke pleasant and happy memories,
The glow of the flames illuminates the room,
The darkness, along with the night, has disappeared,
Everyone prepares for rest,
Awaiting the splendid brightness of the sun,
Upon awakening tomorrow.

©2018 Dr. Israel Cruz
12/15/18

La Tiniebla

La tiniebla veló el amanecer y también el día,
Como si la noche no quisiera partir, otorgándole al sol el placer de brillar,
Su gris estallido dejaba entrever cuán extenso sería el día,
Gotas caían y se esfumaban al tocar el suelo empapado,
por lluvia, frío y nieve,
Se percibía la incertidumbre de tristes recuerdos pasados,
El fantasma de la soledad envolvía a cada ser, negándole un instante de alegría,
La tiniebla acariciaba a todos con risas delirantes,
La oscuridad de la noche llegó sin llamar a la puerta,
El frío acaricia la piel que tiembla sin cesar,
El fuego en la chimenea trae la luz esperada del día que no llegó,
El calor que emana besa la piel,
Las llamas del fuego evocan recuerdos gratos y felices,
El brillo de las llamas ilumina el salón,
La tiniebla, con la noche, ha desaparecido,
Todos se preparan para el descanso,
Aguardando que la luminosidad del sol sea espléndida,
Al despertar mañana.

©2018 Dr. Israel Cruz
15/12/18

Night

The night has arrived,
I must rest,
tomorrow another day will arise,
full of surprises to enjoy,
new adventures to explore.

The night has come,
I will immerse myself in sleep,
tomorrow awaits me a multitude of tasks,
the night has come,
sweet dreams I wish you all,
while I surrender to rest.

©2018 Dr. Israel Cruz
12/04/18

Noche

La noche ha arribado,
debo reposar,
mañana surgirá otro día,
lleno de sorpresas a disfrutar,
nuevas aventuras por explorar.

La noche ha llegado,
me sumergiré en el sueño,
mañana me aguarda un sinfín de tareas,
la noche ha llegado,
dulces sueños les deseo,
mientras yo me entrego al descanso.

©2018 04/12/18
Dr. Israel Cruz

Where My Day Guides Me

Where does my day guide me,
From dawn to dusk,
I walk the paths it designates,
Leaving worries behind,
Pain and discomfort cannot reach me,
Awakening at my own pace,
Doing what my soul longs for,
Resting as I desire,
For I follow the course marked by my day.

© 2018 Dr. Israel Cruz
12/03/18

A dónde Me Guía Mi Día

A dónde me guía mi día,
Desde el amanecer hasta el ocaso,
Voy por caminos que él me designa,
Las preocupaciones quedan atrás,
El dolor y la incomodidad no me alcanzan,
Despertar a mi propio ritmo,
Hacer lo que mi alma anhela,
Acostarme según mi deseo,
Pues sigo el rumbo que marca mi día.

© 2018 Dr. Israel Cruz
03/12/18

Love

You claim to love me, yet your words offend,
With actions and rejections that wound,
Deep pain leaves scars,
That time and space require to heal.

You use me as an object of your pleasure,
Disregarding my suffering and affliction,
In nights of nightmares and desolation,
I find no escape yearned for and desired.

Your unhappiness has been proclaimed,
And your love, only control and destruction.

© 2018 Dr. Israel Cruz
30/11/18

El Amor

Dice amarme, mas con palabras me ofende,
con acciones y repulsiones que hieren,
el dolor, profundo, deja cicatrices,
que tiempo y espacio requieren para sanar.

Me usas cual objeto de tu deleite,
sin importar mi sufrimiento y aflicción,
en las noches, pesadillas y desolación,
no encuentro el escape ansiado y querido.

Tu infelicidad ha sido promulgada,
y tu amor, solo control y destrucción.

© 2018 Dr. Israel Cruz
30/11/18

Autumn

The temperature begins to change,
The days shorten in their duration,
The trees dress themselves in colors,
Preparing for winter without fears.

The sun rises later and sets early,
Gray clouds visit more frequently in the plain,
Coats, scarves, and gloves we already use,
Autumn has arrived, there is no doubt.

We prepare for the winter that will come,
Spring will be reborn in six months.

© 2018 Dr. Israel Cruz
11/29/18

El Otoño

La temperatura empieza a cambiar,
Los días se acortan en su durar,
Los árboles se visten de colores,
Preparándose para el invierno sin temores.

El sol se levanta más tarde y se oculta temprano,
Las nubes grises visitan con más frecuencia en el llano,
Abrigos, bufandas y guantes utilizamos ya,
El otoño ha llegado, sin duda que está.

Nos preparamos para el invierno que vendrá,
La primavera, en seis meses, renacerá.

© 2018 Dr. Israel Cruz
29/11/18

Hatred

Hatred, a grotesque shadow that distorts souls,
Rooted in the deepest, persistent darkness,
Generation after generation, its poison has spread,
Ignorance and intolerance, the fruit of those who are unaware
of the pain, fear, and uncertainty they sow,
But the world evolves, it transforms in its dance,
The day will come when detractors and racists settle their debts,
Their envy and inferiority, seeds of overflowing hatred.

© 2018 Dr. Israel Cruz
11/28/18

Odio

El odio, grotesca sombra que desdibuja almas,
Arraigado en lo más profundo, oscuridad persistente,
Generación tras generación, su veneno se ha esparcido,
Ignorancia y intolerancia, el fruto de quienes desconocen
el dolor, el miedo y la incertidumbre que siembran,
Mas el mundo evoluciona, en su danza se transforma,
Llegará el día en que los detractores y racistas, sus deudas salden,
Su envidia y su inferioridad, semillas del odio desbordante.

© 2018 Dr. Israel Cruz
28/11/18

The Time

Dawn has arrived,
In the night, you lived adventures in unforgettable fields,
Contemplate your reflection in the mirror and observe how much time has passed,
Your mind fills with memories never forgotten,
Childhood, adolescence, maturity, and now old age,
It is a recount of life,
Long-awaited events and those that arrive without knocking on the door first,
A new day begins,
Events and adventures to discover,
Places to explore,
Treasures that will remain in the chest of memories of your existence.

© 2018 Dr. Israel Cruz
11/19/18

El Tiempo

La aurora ha llegado,
En la noche viviste aventuras en campos inolvidados,
Contempla tu semblante en el espejo y observa cuánto tiempo ha transcurrido,
Tu mente se llena de recuerdos nunca olvidados,
Infancia, adolescencia, madurez y ahora la senectud,
Es un recuento de la vida,
Acontecimientos anhelados y aquellos que llegan sin llamar a la puerta primero,
Comienza un nuevo día,
Sucesos y aventuras por descubrir,
Lugares por explorar,
Tesoros que permanecerán en el baúl de los recuerdos de tu existencia.

© 2018 Dr. Israel Cruz
19/11/18

The Threshold of Oblivion

Why do you cry upon seeing me surrender to eternal sleep,
when you could have glimpsed me and not approached?
You had your excuses,
while my heart beat tirelessly,
and my mind never stopped thinking.

My children did not come, I don't know their whereabouts,
absorbed in occupations that consume them.
Today, at this threshold, you appear and cry incessantly,
claiming to love me and yearn for my presence.

But don't you remember the days we had?
Each day I waited for you patiently.
Don't cry, don't distress yourself,
I no longer feel, I no longer suffer,
I am no longer here.

© 2018 Dr. Israel Cruz
10/09/18

El Umbral del Olvido

¿Por qué lloras al verme entregado al sueño eterno,
cuando pude vislumbrarte y no te acercaste,
Excusas tuviste,
mientras mi corazón latía incansable,
y mi mente no cesaba de pensar.

Mis hijos no llegaron, su paradero desconozco,
absortos en ocupaciones que les consumen.
Hoy, en este umbral, te presentas y lloras sin cesar,
afirmando amarme y anhelar mi presencia.

Pero ¿no recuerdas los días que tuvimos?
Cada jornada te aguardé pacientemente.
No llores, no te aflijas,
ya no siento, ya no padezco,
Ya no estoy aquí.

© 2018 Dr. Israel Cruz
09/10/18

The Wind Blows in the Opposite Direction

While your heart cries, you smile,
your spirit is agitated, but you pause,
joy peeks through, but sadness embraces you,
health is by your side, but pain overwhelms you,
the storm approaches and the hurricane strikes,
the wind blows in the opposite direction.

© 2018 Dr. Israel Cruz
09/28/18

El Viento Sopla en Dirección Opuesta

Mientras tu corazón llora, tú sonríes,
tu espíritu se agita, mas te detienes,
la alegría se asoma, mas la tristeza te abraza,
la salud a tu lado, mas el dolor te embarga,
la tormenta se acerca y el huracán ataca,
el viento sopla en dirección opuesta.

© 2018 Dr. Israel Cruz
28/09/18

The Internal Scream

The patient longs for his sleep,
silence takes hold of his being,
his eyes yearn to close,
but his mind prevents the desired rest.

The night becomes a battlefield,
where the pain his body endures is revived,
sleep tirelessly seeks
to calm his restless mind.

He repeats that everything will come to an end,
it's a fervent battle he wishes to conquer,
his mind doesn't cease to reflect,
What will happen when his time comes?

Where will he go? Who awaits him? How will he depart?
His heart races and the pain persist,
Who could have imagined
that his cancer could return?

© 2018 Dr. Israel Cruz
08/20/18

El Grito Interno

El paciente anhela su sueño,
el silencio se apodera de su ser,
sus ojos anhelan cerrar,
pero su mente impide el ansiado descanso.

La noche se convierte en campo de batalla,
donde revive el dolor que su cuerpo sufre,
el sueño busca incansablemente,
tranquilizar su agitada mente.

Repite que todo llegará a su fin,
es una ferviente batalla que desea dominar,
su mente no cesa de reflexionar,
¿Qué sucederá cuando llegue su hora?

¿Dónde irá? ¿Quién le espera? ¿Cómo partirá?
Su corazón se acelera y el dolor persiste,
¿Quién podría haber imaginado
que su cáncer podría regresar?

© 2018 Dr. Israel Cruz
20/08/18

Who Are You?

The child who longed to attend school in his childhood,
The one who cried when his siblings left,
The one who waited on the doorstep until his mother disappeared in the distance,
The one who played alone with invisible friends,
The one who cried in the tranquility of the night,
The brave, the coward, the lonely, the distant,
The one who felt contempt, fervent rejection,
The one who stayed behind or hurried ahead to avoid being bullied,
The one who gave if given, shouted if shouted at,
The one who avoided confrontations to the limit,
The one who was spat on, dragged, cut, violated,
The drunk, the sober, the perverse, the lost, the good, the bad,
The racist, the greedy, the coward, the brave, the defender,
The one who hid his life and his children,
The one who lived in silence and also triumphed,
The one who had nothing and had it all,
The one who never lost hope, his judgment, his being,
Who are you?

© 2018 Dr. Israel Cruz
08/04/18

¿Quién Eres Tú?

El niño que ansiaba asistir a la escuela en su infancia,
El que lloraba al ver a sus hermanos partir,
El que se quedaba en el portal hasta que su madre se desvanecía en la distancia,
El que jugaba en solitario con amigos invisibles,
El que lloraba en la tranquilidad de la noche,
El valiente, el cobarde, el solitario, el distante,
El que sintió el desprecio, el ferviente rechazo,
El que se quedaba atrás o se adelantaba para evitar ser acosado,
El que daba si le daban, gritaba si le gritaban,
El que evitaba las confrontaciones hasta el límite,
El que fue escupido, arrastrado, cortado, violado,
El ebrio, el sobrio, el perverso, el perdido, el bueno, el malo,
El racista, el avaro, el cobarde, el valiente, el defensor,
El que ocultó su vida y a sus hijos,
El que vivió en silencio y también triunfó,
El que no tuvo nada y lo tuvo todo,
El que nunca perdió la esperanza, su juicio, su ser,
¿Quién eres tú?

© 2018 Dr. Israel Cruz
08/04/18

Uncle Johnny

Today you turn eighty years old,
A new decade begins,
A life to enjoy.

Remembering the past times,
Brings joy to the soul,
The laughter that time hasn't erased,
Remains, like a sweet calm.

The love you always gave,
Is part of our well-being,
Memories that you never forgot,
Stay with us in our journey.

Celebrate your eighty years,
Don't look back,
Laugh and enjoy what life offers,
Happy birthday, dear uncle!

© 2017 Israel Cruz
03/01/17

Tío Johnny

Hoy cumples ochenta años,
Una nueva década comienza,
Una vida por disfrutar.

Recordar los tiempos pasados,
Trae alegría al alma,
La risa que el tiempo no ha borrado,
Permanece, como una dulce calma.

El amor que siempre diste,
Es parte de nuestro bienestar,
Recuerdos que nunca olvidaste,
Permanecen en nuestro caminar.

Celebra tus ochenta años,
No mires hacia atrás,
Ríe y disfruta lo que la vida ofrece,
¡Feliz cumpleaños, querido tío!

© 2017 Israel Cruz
01/03/17

André

You were my faithful friend,
always providing love and affection.
At every moment, you were by my side,
loyal, beloved, and adored.

André, since you arrived in our home, we called you,
we taught you obedience and virtues,
even sent you to school,
all beings in our lives should be educated.

With your 15 years, equivalent to 99 in human life,
you were already old, but you never failed us,
despite the difficulties in walking,
arthritis in your hips and the decline of your senses,
the dementia that tore apart your existence.

We loved you madly,
for being who you were,
a faithful and loyal friend,
always waiting by our side.

Your day has come and eternity awaits you,
you will run through the paths of eternal freedom,
but your love and loyalty stay with me.
You were the friend I will always love,
the love that is longed for and never forgotten.

©2016 Dr. Israel Cruz
02/18/16

André

Fuiste mi fiel amigo,
siempre brindaste amor y cariño.
En todo momento estuviste a mi lado,
fuiste leal, amado y adorado.

André, desde que llegaste a nuestro hogar te llamamos,
te enseñamos obediencia y virtudes,
hasta la escuela te enviamos,
educados deben ser todos los seres en nuestras vidas.

Con tus 15 años, equivalentes a 99 en vida humana,
ya eras anciano, pero nunca nos fallaste,
a pesar de las dificultades para caminar,
artritis en tus caderas y el declive de tus sentidos,
la demencia que destrozaba tu existencia.

Te amamos con locura,
por ser quien eras,
amigo fiel, leal,
siempre esperabas a nuestro lado.

Ha llegado tu día y la eternidad te espera,
correrás por los senderos de la libertad eterna,
pero tu amor y lealtad se quedan conmigo.
Fuiste el amigo que siempre amaré,
el amor que se añora y nunca se olvida.

©2016 Dr. Israel Cruz
18/02/16

Birthday

On a day like today, I arrived in this world,
the seventh child, the seventh month, the year '57,
I am the lucky one with the three sevens.

Isn't it true?
I'm not sure if it is,
life has taught me a lot.

I've had ups and downs,
joys, tears, weeping,
pain, anguish, and pleasure.

It cost me sacrifice to get where I am,
climbing mountains, reaching the top,
walking through the plain.

I don't complain about the past,
they were experiences that granted me
strength, control.

I rejoice knowing that I have triumphed,
even though it has cost me a lot of sacrifice,
understanding that not everything in life is granted.

Today I have turned 58,
I have decided to enjoy my national day,
remembering how blessed I have been.

©2015 Dr. Israel Cruz
07/01/2015

Cumpleaños

Un día como hoy llegué a este mundo,
hijo número 7, mes 7, año 57,
soy el de la suerte de los 3 sietes.

¿Verdad?
No sé si así es,
la vida me ha enseñado mucho.

He tenido altas y bajas,
alegrías, llanto, lágrimas,
dolor, angustia y placer.

Sacrificio me costó llegar donde he llegado,
subiendo montañas, llegando a la cima,
caminando por el llano.

No me quejo del pasado,
fueron experiencias que me otorgaron
para ser más fuerte, para tener control.

Me regocijo sabiendo que he triunfado,
aún cuando mucho sacrificio me ha costado,
entendiendo que todo en la vida no es regalado.

58 años hoy he cumplido,
a disfrutar mi día nacional he decidido,
recordando cuán bendecido yo he sido.

©2015 Dr. Israel Cruz
01/07/2015

Renato

On April 19th, you left,
There are no words to express our sadness,
Your sudden illness, your departure.

I felt your presence close,
Andre wagged his tail,
When you came home to say goodbye.

We all have memories to share,
With those who knew you and those who didn't,
We appreciate your love because you cared.

The pets in town lost a friend,
They miss your treats,
They miss seeing you in your chair.

We all miss you, now that you're gone,
But not forgotten for everything you did,
Your personality and love you shared with us.

© 2015 Dr. Israel Cruz
06/03/15

Renato

El 19 de abril te fuiste,
No hay palabras para expresar nuestra tristeza,
Tu repentina enfermedad, tu partida.

Sentí tu presencia cerca,
Andre movió su cola,
Cuando llegaste a casa a despedirte.

Recuerdos tenemos todos que compartir,
Con los que te conocieron y los que no,
Tu amor apreciamos porque te preocupaste.

Las mascotas del pueblo perdieron a un amigo,
Extrañan tus golosinas,
Extrañan verte en tu silla.

Todos te extrañamos, ahora te has ido,
Pero no olvidado por todo lo que hiciste,
Tu personalidad y amor con nosotros compartiste.

© 2015 Dr. Israel Cruz
03/06/15

Puerto Rican Renaissance

Puerto Rico, oh what sadness engulfs our Island!
Where the coquí sings its melodious song,
Where birds greet the rising sun,
Where the rays delicately caress the skin,
Puerto Rico, oh what sadness engulfs our Island!

Blame lies with the governments we have had,
Those who evade their taxes,
Those who take advantage of their people,
Blame lies with the political parties and their allies,
Who only seek their own benefit,
Blame lies with those who indulge in vice,
Stealing, robbing, mercilessly killing,
Blame lies with those who refuse to work,
Yet desire to take advantage of the government without contributing anything,
Blame lies with those who only criticize without taking action,
Sitting and waiting for everything to be handed to them.

Rise up! Do not continue to complain in vain,
Organize and collaborate fervently,
Fight for our beloved Island and help it be reborn,
Do not complain if you do nothing to change,
Puerto Rico, our unmatched pride,
Even if many criticize and undermine it,
It is the most valuable treasure we possess,
It is the Island of our charm, our beloved treasure.

Dr. Israel Cruz
05/27/15

Renacimiento Boricua

Puerto Rico, ¡oh qué tristeza embarga nuestra Isla!
Donde el coquí entona su canto melodioso,
Donde las aves saludan al nacer del sol,
Donde los rayos acarician delicadamente la piel,
Puerto Rico, ¡oh qué tristeza embarga nuestra Isla!

Culpa de los gobiernos que hemos tenido,
De aquellos que evaden sus impuestos,
De los que se aprovechan de su gente,
Culpa de los partidos políticos y sus aliados,
Que solo buscan su propio beneficio,
Culpa de aquellos que se dedican al vicio,
Robando, asaltando, asesinando sin piedad,
Culpa de los que no quieren trabajar,
Pero sí desean aprovecharse del gobierno sin aportar nada,
Culpa de los que solo critican sin tomar acción,
Sentados esperando que todo les sea dado en bandeja.

¡Levántate! No sigas quejándote en vano,
Organízate y colabora con fervor,
Lucha por nuestra amada Isla y ayúdala a renacer,
No te quejes si no haces nada por cambiar,
Puerto Rico, nuestro orgullo sin igual,
Aunque muchos la critiquen y la desdigan,
Es el tesoro más valioso que poseemos,
Es la Isla de nuestro encanto, nuestro tesoro amado.

Dr. Israel Cruz
27/05/15

Puerto Rico

How sad it is to see the decline of our island,
where our coquí sings,
where the birds greet the dawn,
where the sun and air caress your skin!

How sad it is to see the decline of our island,
caused by the governments we've had,
by those who don't pay taxes,
by those who take advantage of their people and their land!

How sad it is to see the decline of our island,
caused by the political parties and their allies,
who only seek to benefit themselves, disregarding the people,
who only think of themselves and nothing more!

How sad it is to see the decline of our island,
caused by those dedicated to vice,
who steal, assault, and murder without a second thought,
who are part of and also responsible for the decline of our island!

How sad it is to see the decline of our island,
caused by those who refuse to work,
who want to benefit from the government,
without giving anything in return, only wanting to hoard!

Puerto Rico

¡Qué triste es ver el quebranto de nuestra Isla,
donde canta nuestro coquí,
donde las aves saludan el amanecer,
donde el sol y el aire acarician tu piel!

¡Qué triste es ver el quebranto de nuestra Isla,
causa de los gobiernos que hemos tenido,
por aquellos que no pagan los impuestos,
por aquellos que se aprovechan de su gente y su pueblo!

¡Qué triste es ver el quebranto de nuestra Isla,
causa de los partidos políticos y sus aliados,
que solo buscan beneficiarse sin importarles el pueblo,
que solo piensan en sí mismos y nada más!

¡Qué triste es ver el quebranto de nuestra Isla,
causa de aquellos que se dedican al vicio,
que roban, asaltan, asesinan sin importarles un instante,
que son parte y también causantes del quebranto de nuestra Isla!

¡Qué triste es ver el quebranto de nuestra Isla,
causa de aquellos que no quieren trabajar,
que quieren beneficiarse del gobierno,
sin dar nada a cambio y solo quieren acaparar!

How sad it is to see the decline of our island,
caused by those who only criticize but do nothing,
who sit and wait for everything to be handed to them,
without contributing even a penny!

Stand up, stop complaining,
organize and collaborate,
fight for our island and help it rise,
don't complain about what happened if you do nothing.

Puerto Rico, you are our pride,
even though many criticize and speak ill of you,
you are the most precious treasure,
you are the enchanting island.

© 2015 Dr. Israel Cruz
05/27/15

¡Qué triste es ver el quebranto de nuestra Isla,
causa de aquellos que solo critican pero no hacen nada,
que se sientan y esperan que todo se les dé en las manos,
sin contribuir ni tan siquiera un centavo!

Levántate, no sigas quejándote,
organízate y colabora,
lucha por nuestra Isla y ayúdala a levantarse,
no te quejes de lo ocurrido si no haces nada.

Puerto Rico, nuestro orgullo eres tú,
aunque muchos te critiquen y hablen de ti,
eres el tesoro más preciado,
eres la Isla de nuestro encanto.

© 2015 Dr. Israel Cruz
27/05/15

The Mental War

It all begins when you open your eyes,
after a nocturnal battle,
where you are the hero because you have conquered,
everything while sleeping and dreaming.

The day starts by going over everything,
what has happened or failed to happen,
reaffirming that you can do it all,
nothing can ruin the day.

You fight against all odds,
you want to stay positive,
you want to defeat the demons
that invade your mind.

You smile to avoid crying,
you speak because you don't want to remain silent,
you walk along the paths of darkness,
acknowledging the battle you must fight.

You cry in silence so no one finds out,
you shout to the four winds that you want to evaporate,
you want to run without stopping for a minute,
you want to escape from this mental war.

La Guerra Mental

Todo comienza al abrir los ojos,
después de una batalla nocturna,
donde eres el héroe porque has vencido,
todo al dormir y soñar.

Comienza el día dándole vueltas a todo,
lo que ha pasado o dejó de pasar,
reafirmando que tú lo puedes todo,
nada podrá arruinar el día.

Luchas contra viento y marea,
quieres mantenerte positivo,
quieres vencer a los demonios
que llegan a tu mente.

Sonríes para no llorar,
hablas porque no quieres callar,
caminas por los senderos de la oscuridad,
reconociendo la batalla que debes pelear.

Lloras en silencio para que nadie se entere,
gritas a los cuatro vientos que quieres evaporarte,
quieres correr sin parar un minuto,
quieres escapar de esa guerra mental.

You face a battle that few can handle,
in silence, you repeat many times that you will win,
you rejoice trying to see everything positively,
fighting against the battles that invade your mind.

Neither doctors nor medications can heal
the deep pain, the scar that has been left,
the sleepless nights, the tears, the uncertainty,
the mental illness.

You see hatred, resentment, death,
you prepare to reach death,
you are tired and don't want to fight anymore,
only death puts an end to this mental war.

©2015 Dr. Israel Cruz
05/26/15

Enfrentas esa batalla que pocos pueden manejar,
en silencio repites muchas veces que la ganarás,
te regocijas tratando de ver todo positivamente,
luchando contra las batallas que llegan a tu mente.

Ni doctores ni medicamentos pueden curar
el dolor profundo, la cicatriz que ha dejado
el desvelo, el llanto, la incertidumbre,
la enfermedad mental.

Ves odio, rencor, muerte,
te preparas para alcanzar la muerte,
ya estás cansado y no quieres luchar más,
solo la muerte pone fin a esa guerra mental.

©2015 Dr. Israel Cruz
26/05/15

Mother

You are like a machine that works tirelessly,
trying to do everything for your family's loyalty,
Even though they don't bother to help you,
you listen to their joy, cries, and sorrows.

You stay awake for your children,
protecting them, taking care of them,
helping them grow,
you are the mother who never stops
striving.

You are the pillar of your family,
the solid foundation that keeps the family together,
to witness your children's triumphs.

Tomorrow is your day and you should celebrate,
the fruits of your labor have been harvested,
your children have already left,
now you can rest.

©2015 Dr. Israel Cruz
05/09/15

Madre

Eres como una máquina que trabaja sin descanso,
tratas de hacerlo todo por tu lealtad familiar,
Aunque ellos no se molesten en ayudarte,
escuchas su alegría, llanto y pesar.

Te desvelas por tus hijos,
los proteges, los cuidas,
los ayudas a crecer,
eres la madre que no deja de luchar.

Eres el pilar de tu familia,
el sólido cimiento que mantiene unida a la familia,
para ver triunfar a tus hijos.

Mañana es tu día y debes celebrar,
el fruto de tu trabajo ha sido cosechado,
tus hijos ya se han marchado,
ahora puedes descansar.

©2015 Dr. Israel Cruz
09/05/15

The Present

Don't look back, lamenting the past,
Don't look to the future, fearing failure,
Just live the present and enjoy it,
Without limits of time or space.

©2015 Dr. Israel Cruz,
05/04/15.

El Presente

No mires hacia atrás, lamentando el pasado,
No mires hacia el futuro, temiendo el fracaso,
Sólo vive el presente y gózalo,
Sin límites de tiempo ni espacio.

©2015 Dr. Israel Cruz,
04/05/15

Gisela

Gisela, that's her name.
She was born on a day like today,
the firstborn daughter,
simple and affectionate, with a smile that reaches the soul.
Today, she celebrates her 55th birthday.

Javin and Melissa, the greatest gifts that the universe has bestowed upon her.
I congratulate you for being who you are,
a human being with a strong faith,
essence and values that make you unique,
and also unparalleled.

© 2015 Dr. Israel Cruz
05/03/15

Gisela

Gisela, ese es su nombre.
Nació en un día como hoy,
la primogénita hija,
sencilla y cariñosa, con una sonrisa que llega al alma.
Hoy celebra sus 55 años.

Javin y Melissa, los mayores regalos que el universo le ha otorgado.
Te felicito por ser quien eres,
un ser humano con una fe firme,
esencia y valores que te hacen única,
y también incomparable.

© 2015 Dr. Israel Cruz
03/05/15

Death

Why do you fear to die?
Death will knock on your door when the time comes,
you will not die a day before or after.
It will arrive like a ghost in the night,
you do not know the moment she will knock on your door.

Death is certain and does not compete with life,
it will come on a turbulent or calm night.
You cannot escape it at any time,
if you run, it will catch up to you;
if you hide, it will find you.

You can only live your life,
and not be dead while alive.
Do good without looking at who,
laugh and learn from the stumbled faced,
enjoy every given moment.

Your day in the book of life is written,
prepare for when it arrives.
Do not blame the good that life has given you,
do not regret what you have not achieved,
do not waste time living in the past.

La Muerte

¿Por qué temes morir?
La muerte tocará a tu puerta cuando sea el momento dado,
no morirás ni un día antes o después.
Ella llegará como un fantasma en la noche,
no sabes el momento en que tocará a tu puerta.

La muerte es segura y no compite con la vida,
llegará en una noche turbulenta o tranquila.
No puedes escapar de ella en ningún momento,
si corres, te alcanzará,
si te escondes, te encontrará.

Solo puedes vivir tu vida,
y no estar muerto en vida.
Haz el bien sin mirar a quién,
ríe y aprende de los tropiezos enfrentados,
disfruta cada momento dado.

Tu día en el libro de la vida está escrito,
prepárate para cuando llegue.
No reproches lo bueno que la vida te ha dado,
no lamentes lo que no has logrado,
no pierdas tiempo viviendo en el pasado.

Do not lock yourself in the fear of dying,
you are alive and must embrace what truly living is.
Love yourself in order to give love,
value yourself in order to value others,
trust yourself in order to trust others.

Honor your presence and do not fear to die,
death will come like a thief in the night,
it will open the door and enter,
even if it is not welcome or expected.

©2015 Dr. Israel Cruz
05/01/15

No te encierres en el miedo de morir,
estás vivo y debes augurar lo que es verdaderamente vivir.
Ámate a ti mismo para poder dar amor,
valórate para valorar a los demás,
confía en ti para poder confiar en otros.

Honra tu presencia y no temas morir,
la muerte llegará como un ladrón en la noche,
abrirá la puerta y entrará,
aunque no sea bienvenida o esperada.

©2015 Dr. Israel Cruz
01/05/15

The Peasant Woman

She rises and kindles the hearth
to strain coffee through the filter's mesh
whispers a prayer of Our Father and Hail Mary
to safeguard her beloved family.

She feeds corn to the clucking hen
counts the chicks, still small, remaining
she milks the cow and tends to the goat
nurturing the piglet with utmost care.

She fetches water from the flowing river
and washes clothes in its gentle current
on the stove, water boils for starching
the charcoal iron waits, ready to press.

Lunch must be ready by the stroke of noon
freshly brewed coffee served promptly at three
and dinner served at five, without delay
she toils tirelessly, without respite.

She bathes her children and fills their bellies
scrubs the dishes with diligent hands
strains more coffee, enough for the whole clan
exhausted, she concludes another day.

La Campesina

Se levanta y enciende el fogón
para colar el café en el colador
susurra una oración del Padre Nuestro y Ave María
para proteger a su amada familia.

Alimenta al gallinero con maíz
cuenta los pollitos que aún son pequeños
ordeña a la vaca y cuida de la cabra
nutriendo al cerdito con sumo cuidado.

Recoge agua del río que fluye
y lava la ropa en su suave corriente
en la estufa, hierve agua para el almidón
la plancha de carbón espera, lista para planchar.

El almuerzo debe estar listo al dar el mediodía
el café recién hecho se sirve puntualmente a las tres
y la cena se sirve a las cinco, sin demora
ella trabaja incansablemente, sin descanso.

Baña a sus hijos y llena sus estómagos
lava los platos con manos diligentes
cuela más café, suficiente para todo el clan
agotada, concluye otro día.

She readies her bath with icy water's touch
offers prayers, seeking divine protection
before slumber, she checks on each child
to rest and rise early, tomorrow's dawn awaits.

©2015 Dr. Israel Cruz
04/29/15

Prepara su baño con el toque del agua helada
ofrece oraciones, buscando protección divina
antes de dormir, verifica a cada niño
para descansar y levantarse temprano, el amanecer de mañana espera.

©2015 Dr. Israel Cruz
29/04/15

Ms. Castillo

My first-grade teacher, Ms. Castillo,
taught me the A, the B, the C, and more.
Counting, reading, and writing, she showed,
dedicating her time, like her own we were treated.

Ms. Castillo, she taught us to sing,
serious in the classroom, we followed her lead.
Obediently learning, our lessons we'd bring,
parties she threw, celebrations indeed.

The first group she graduated, with pride,
forever in our hearts, Ms. Castillo resides.
With fondness, I recall her kind stride,
the teacher who shaped us, with love as her guide.

Today I learned of Ms. Castillo's passing,
memories of shared moments now amassing.
She guided many, our lives intertwining,
rest in peace, dear teacher, your legacy shining.

May Ms. Castillo find eternal rest,
for her dedication to teaching, we're blessed.
Grateful for all the knowledge she expressed,
thankful for the lessons, we've truly progressed.

©2015 Dr. Israel Cruz
04/29/15

Ms. Castillo

Mi maestra de primer grado fue,
me enseñó la A, la B, la C y más,
Aprendí a contar, leer y escribir,
su tiempo nos dedicó,
y como sus hijitos nos trató.

Ms. Castillo, a cantar nos enseñó,
era bien seria en el salón,
todos obedecíamos y aprendíamos la lección.

Nos hizo fiestas y con nosotros celebró,
fuimos el primer grupo que ella graduó.
Ms. Castillo, con cariño siempre nos trató.

Con cariño siempre recuerdo,
a la maestra que la A, la B, la C me enseñó.
Agradecido estoy por todo el tiempo que como maestra nos dedicó.

Hoy me he enterado que Ms. Castillo falleció,
a mi memoria llegaron momentos que ella con nosotros compartió.
Fue la maestra que a muchos por buen camino dirigió.

Que descanse en paz Ms. Castillo,
gracias por su dedicación al magisterio,
y por todo lo que por usted pude aprender yo.

©2015 Dr. Israel Cruz
29/04/15

Jíbaro

Early in the morning,
from the mountain he descends on his mounted horse,
carrying eggs, chickens, hens, green beans,
to the plain he goes to negotiate what he has harvested.

He takes off his hat to greet those who have arrived,
exchanging and selling what he has brought,
also buying to help those in need,
the mounted jíbaro appears very content.

To the mountain he rides up on his hitched horse,
carrying money, food, and also honey,
he arrives at his hut to eat the cooked rice on the hearth,
and drink strained coffee while lying in the hammock.

He turns on the radio to listen to Don Cholito and Tres Patines,
takes his nap, rests, the jíbaro is not stressed,
he eats well because in his land everything has been harvested,
the jíbaro is happy where he is settled.

Early to sleep he lies down,
he prays the rosary, asking God for health to work the land,
giving thanks for what has been harvested,
early tomorrow, from the mountain he descends on his mounted horse.

© 2015 Dr. Israel Cruz
04/28/15

Jíbaro

Temprano en la mañana,
de la montaña baja en su caballo montao,
lleva huevos, pollos, gallinas, habichuelas verdes,
al llano va a negociar lo que ha cosechao.

Su sombrero se quita para saludar al que ha llegao,
intercambia y vende lo que ha traído,
también compra para ayudar al que está pelao,
se ve muy contento el jíbaro montao.

A la montaña sube en su caballo enganchao,
lleva chavos, comida y también melao,
llega a su choza para comerse el arroz al fogón cocinao,
y tomar café colao en la hamaca acostao.

El radio prende para escuchar a Don Cholito y Tres Patines,
toma su siesta, descansa, el jíbaro no está estresao,
come bien porque en su tierra todo se ha cosechao,
el jíbaro es feliz donde está echao.

Temprano a dormir se acuesta,
el rosario reza, a Dios salud le pide para trabajar la tierra,
da gracias por lo cosechao,
temprano mañana de la montaña baja en su caballo montao.

© 2015 Dr. Israel Cruz
28/04/15

My Puerto Rico

Enchanted island they call you,
you are the most beautiful among the beautiful.
Your mountains offer their inner beauty,
your beaches produce waves that embrace and bathe.
Your fauna enchants everyone,
your coquí enamors with elegance.
The jíbaro claims you,
you are our motherland,
the island that everyone loves.
Your children will give their souls for you.

© 2015 Dr. Israel Cruz,
04/27/15

Mi Puerto Rico

Isla del encanto te llaman,
eres la más bella entre las bellas.
Tus montañas ofrecen su belleza interna,
tus playas producen olas que abrazan y bañan.
Tu fauna encanta a todos,
tu coquí enamora con elegancia.
El jíbaro te reclama,
eres nuestra madre patria,
la isla que todos aman.
Tus hijos por ti darán hasta su alma.

© 2015 Dr. Israel Cruz,
27/04/15

Ignorance of Prejudice

You call me mulatto without knowing who I am,
where I come from, where I'm going.
You look at the color of my skin and laugh,
treat me with indifference,
you're bothered to be by my side.

You speak of black people with inferiority,
call them ignorant,
lower class, not very intelligent,
despise them because of their skin color,
judge solely based on what you see.

You compare yourself and repeat that you are better,
that you come from pure blood,
that you have power, pride in who you are,
consider yourself the best,
looking at those you consider inferior with disgust.

You call me mulatto without knowing who I am,
where I come from and where I'm going.
You are ignorant, you are superficial,
lack a good spirit and self-respect,
you don't know yourself.

Ignorancia del Prejuicio

Me llamas mulato sin saber quién soy,
de dónde vengo, a dónde voy.
Miras el color de mi piel y te ríes,
me tratas con indiferencia,
te molesta estar a mi lado.

Hablas de los negros con inferioridad,
los llamas ignorantes,
de clase baja, poco inteligentes,
los desprecias por su color de piel,
juzgas solo por lo que ves.

Te comparas y repites que eres mejor,
que vienes de sangre pura,
que tienes poder, orgullo de ser quien eres,
te consideras lo mejor,
mirando con disgusto a quienes consideras inferiores.

Me llamas mulato sin saber quién soy,
de dónde vengo y a dónde voy.
Eres ignorante, eres superficial,
careces de buen espíritu y respeto propio,
no te conoces a ti mismo.

You don't realize that your day will come,
when you will be judged and spoken about.
Your actions represent you and your punishment will be,
to end up buried in darkness.
It will be too late, you won't be able to reflect anymore.

©2015 Dr. Israel Cruz
04/26/15

No te das cuenta de que tu día llegará,
cuando seas juzgado y de ti hablarán.
Tus acciones te representan y tu castigo será,
terminarás sepultado en la oscuridad.
Será demasiado tarde, ya no podrás reflexionar.

©2015 Dr. Israel Cruz
26/04/15

The Virtue of Living

You were born on a day of great virtue,
Your parents eagerly awaited your arrival,
Grandparents joyfully anticipated your presence,
Loving you unconditionally, regardless of appearance.

They marveled at your growth,
Showering you with affection at every moment,
Through childhood, adolescence, and beyond,
Through hardships, deceptions, moments of joy,
Pain, pleasure, and moments of despair.

Now an adult, you grasp
The depth of your virtue, your origins,
The journey you have traversed, and the one ahead.

©2015 Dr. Israel Cruz
04/25/15

La Virtud de Vivir

Naciste en un día lleno de virtud,
tus padres ansiosos por tu llegada,
abuelos felices te esperaban,
con amor incondicional te adoraban.

Tu crecimiento era admirado,
cada momento mimado,
pasaste la niñez y adolescencia,
conociste amarguras y engaños,
pero también alegría y desolación.

Ahora eres adulto y puedes comprender,
la virtud que siempre has llevado,
el camino recorrido y el porvenir.

©2015 Dr. Israel Cruz
25/04/15

Earth Day

Today I honor you, fertile soil,
without you, we achieve nothing.
You are the soil that produces,
the earth that calls for us.

Today I honor you, fertile land,
for everything you have given us.
We are a product of your soil,
although many have abused you.

© 2015 Dr. Israel Cruz
04/22/15

Día de la Tierra

Hoy te honro, suelo fértil,
sin ti no logramos nada.
Eres el suelo que produce,
la tierra que nos reclama.

Hoy te honro, tierra fértil,
por todo lo que nos has dado.
Somos producto de tu suelo,
aunque muchos de ti han abusado.

© 2015 Dr. Israel Cruz
22/04/15

The Agony

You live life in decline,
repeating mistakes constantly,
you regret and promise not to do it again,
only to return instantly and continue lamenting.

Your life, a vicious circle,
you don't stop making the same mistakes,
you don't give yourself the chance to overcome them,
you will continue bleeding, agonizing.

Your life spins and tumbles,
only you can claim it, enjoy it,
it's your life, savor it, don't drain it,
live life, not agonizing, but enjoying.

©2014 Dr. Israel Cruz
04/24/14

La Agonía

Vives la vida en descenso,
repites errores constantemente,
te arrepientes y prometes no volver a hacerlo,
al instante vuelves y sigues lamentándote.

Tu vida, un círculo vicioso,
no paras de cometer los mismos errores,
no te das la oportunidad de superarte,
seguirás sangrando, agonizando.

Tu vida da vueltas y tumbos,
solo tú puedes reclamarla, gozarla,
es tu vida, gózala, no la desangres,
vive la vida, no agonizando, sino disfrutando.

©2014 Dr. Israel Cruz
24/04/14

Aunt

You were born on July 1st, 1923,
the daughter of two great human beings,
Grandma Esperanza and Grandpa Juan.
They gave you love and affection,
you grew up in an environment where nothing was lacking,
the love of your parents embraced everything.

At the age of 17, you got married,
through the Holy Catholic and Apostolic Church.
From daughter, you became a wife and then a mother,
your marriage brought twists and turns,
sacrifices, work, desolation, sadness, and tears.

But you never gave up,
you fought to keep the family together,
you worked long hours,
sacrificed your freedom,
defended your marriage with courage and loyalty.

You were a wife, a mother, a daughter,
you shed tears, suffered in solitude,
the pain you endured left marks and even illness,
but you never lost your faith.

Tía

Naciste el 1 de julio de 1923,
hija de dos grandes seres humanos,
mamá Esperanza y papá Juan.
Te brindaron cariño y amor,
creciste en un ambiente donde no te faltó nada,
el amor de tus padres lo abarcaba todo.

A los 17 años te casaste,
por la Iglesia Santa, Católica y Apostólica.
De hija pasaste a esposa y de esposa a madre,
tu matrimonio trajo consigo altibajos,
sacrificios, trabajo, desolación, tristezas y llanto.

Pero no te diste por vencida,
luchaste por mantener a la familia unida,
trabajaste largas horas,
sacrificaste tu libertad,
defendiste tu matrimonio con valor y lealtad.

Fuiste esposa, madre, hija,
derramaste lágrimas, sufriste en la soledad,
el dolor causado dejó huellas y enfermedad,
pero nunca perdiste tu fe.

You fulfilled your responsibility,
as a wife, mother, and daughter until the end.
Today we bring you here,
you no longer suffer pain, sorrow, or loneliness,
today you return to your spiritual life.

Go in peace, and don't look back,
when you reach the door of the spiritual world,
where there is no limit of time, pain, anguish, or sorrow.
Rest in peace!

©2015 Dr. Israel Cruz
04/04/15

Cumpliste con tu responsabilidad,
de esposa, madre e hija hasta el final.
Hoy te traemos aquí,
ya no sufres dolor, pena ni soledad,
hoy regresas a tu vida espiritual.

Ve tranquila y no mires hacia atrás,
cuando llegues a la puerta del mundo espiritual,
donde no hay límite de tiempo, dolor, angustia ni pesar.
¡Descansa en paz!

©2015 Dr. Israel Cruz
04/04/15

Indifference

You call family and friends,
ask how they are,
send messages and emails,
but often receive no response.
The answer is usually "all good",
you're glad to hear it and end the conversation,
so as not to seem bothersome for asking,
you don't want them to think you're prying,
you only care about their well-being.

Few call to inquire about you,
they haven't listened during your most critical moments,
you're not surprised that this has happened,
you're used to not mattering to them.
They will only seek you when they need you,
that makes them call quickly,
you're no longer surprised when they get angry,
when you say, "I'm sorry, I can't help."

©2015 Dr. Israel Cruz
03/02/15

Indiferencia

Llamas a familiares y amigos,
preguntas cómo están,
envías mensajes y correos electrónicos,
pero a menudo no recibes respuesta.
La respuesta suele ser "todo bien",
te alegras de escucharlo y finalizas la conversación,
para no parecer molesto por preguntar,
no quieres que piensen que solo indagas,
solo te importa su bienestar.

Pocos te llaman para saber de ti,
ni en tus momentos más críticos te han escuchado,
no te sorprende que esto haya ocurrido,
estás acostumbrado a que no les importes.
Solo te buscarán cuando te necesiten,
eso los hace llamar rápidamente,
ya no te sorprende que sientan enojo,
cuando dices "lo siento, no puedo ayudar."

©2015 Dr. Israel Cruz
02/03/15

Resentment

As you wake in the morning,
filled with resentment's weight,
for the unexplained events in life,
that burden your own fate.

You see faults in everything,
treating others with disdain,
negativity engulfs your being,
and hatred causes endless pain.

Yet, not all is bleak and bad,
you just haven't yet perceived,
the opportunity to understand,
the goodness you possess and can achieve.

Open your eyes to the horizon,
and be grateful for what's nearby,
the universe offers its light,
if only hatred would disappear.

©2015 Dr. Israel Cruz
03/01/15

El Resentimiento

Te levantas por la mañana
lleno de rencor,
por las cosas que han pasado en tu vida
y que no tienen explicación.

Todo lo encuentras mal,
no tratas a la gente con amabilidad,
la negatividad te domina,
el odio destruye tu ser.

Aunque en tu vida hay momentos difíciles,
no has explorado tu interior lo suficiente,
no te has dado la oportunidad
de conocer tus virtudes y lo que puedes ofrecer.

Abre tus ojos y mira al horizonte,
da gracias por tus dones y lo que tienes,
el universo te ofrece su luz,
pero el odio no te ha permitido ver.

©2015 Dr. Israel Cruz
01/03/15

Optimism

Rest; it is necessary,
Your body needs to recover,
Lost or used energy,
To start again.

Rest; it is necessary,
Laugh, brighten your heart,
Don't forget that you can,
Don't accept another opinion.

Rest; it is necessary,
Fill your heart with peace,
Delight in your harvest,
Enjoy the occasion.

Rest; it is necessary,
The task is difficult, it requires dedication,
Don't give up, you can do it,
What you need is motivation.

Rest; it is necessary,
Spread your wings and fly like a bird that knows its path,
Don't give up, follow your destiny,
The one of success and overcoming.

© 2015 Dr. Israel Cruz
02/28/15

Optimismo

Descansa, es necesario,
tu cuerpo necesita recuperar
energía perdida o utilizada,
para otra vez comenzar.

Descansa, es necesario,
ríe, alegra tu corazón.
No olvides que sí puedes,
no aceptes otra opinión.

Descansa, es necesario,
llena de paz tu corazón.
Deleita tu cosecha,
disfruta la ocasión.

Descansa, es necesario,
la tarea es ardua, requiere dedicación.
No te rindas, tú puedes,
lo que necesitas es motivación.

Descansa, es necesario,
abre tus alas y vuela como ave que conoce su camino.
No te rindas, sigue tu destino,
el del éxito y superación.

©2015 Dr. Israel Cruz
28/02/15

Uncertainty

Fear is well accompanied,
it dances with the uncertainty
that accompanies insecurity.

Do not lose the certainty that the day offers,
do not let restlessness be your partner.
Break down the barriers that arise,
fight for your happiness.

Walk straight,
conscious of who you are.
Know your path,
you know where you will arrive.

Do not let uncertainty
direct your path.
Remember that you are strong,
you know where you are going.

Raise your glass,
toast to your happiness,
recognizing your virtues,
loving your freedom.

©2015 Dr. Israel Cruz
02/27/15

Incertidumbre

El miedo está bien acompañado,
baila con la incertidumbre
que acompaña a la inseguridad.

No pierdas la certeza que el día ofrece,
no dejes que la inquietud sea tu pareja.
Rompe las barreras que se presenten,
lucha por tu felicidad.

Camina rectamente,
consciente de quién eres.
Conoce tu camino,
sabes a dónde llegarás.

No dejes que la incertidumbre
dirija tu camino.
Recuerda que eres fuerte,
tú sabes por dónde vas.

Levanta la copa,
brinda por tu felicidad,
reconociendo tus virtudes,
amando tu libertad.

©2015 Dr. Israel Cruz
27/02/15

Your Essence

Seize the day,
allow the air to caress your skin,
like nature embraces its own,
and delights in it.

Open your doors
to everything that brings harmony,
peace, tranquility,
to your soul, to your being.

Do not dwell on the past,
nor on the future,
live the day, it is the present,
delighting in your purpose.

Brighten your life by smiling,
remembering what brings joy,
that which delights your soul,
that which delights your being.

Your destiny is written,
you have to walk your path,
take delight in nature,
walk your path, knowing it well.

©2015 Dr. Israel Cruz
02/26/15

Tu Esencia

Aprovecha el día,
permite que el aire acaricie tu piel,
como la naturaleza abraza lo suyo,
y se deleita en él.

Abre tus puertas
a todo lo que trae armonía,
paz, tranquilidad,
a tu alma, a tu ser.

No te encierres en el pasado,
ni tampoco en el futuro,
vive el día, es el presente,
deleitando tu quehacer.

Alegra tu vida sonriendo,
recordando lo que el regocijo trae,
aquello que alegra tu alma,
aquello que alegra tu ser.

Tu destino está escrito,
tu camino tienes que recorrer,
deléitate con la naturaleza,
camina tu camino conociéndolo bien.

©2015 Dr. Israel Cruz
26/02/15

Silent Pain

It is the narration of life
that you begin to live
when you visit your doctor
and he repeats what you wanted to imply.

"How are you feeling today?" says the doctor
"Fine, thank you" is the given response
"What are the results?"
There is emptiness in that given moment.

"Well," says the doctor
"we need to talk honestly
your cancer has returned
there is little time left to live."

"Why has this happened to me?"
"What do I do? Who do I talk to?"
"How much time do I have?"

"I don't want any treatment"
"I have seen many suffer"
"I just want to be at peace
enjoy what remains and avoid sadness."

"You are a great patient, you know what you want"
"I can't do anything if that's your preference"
"I will be with you until the end"
"I won't abandon you until you close your eyes."

Dolor en Silencio

Es el relato de la vida
que comienzas a vivir
cuando acudes a tu médico
y te repite lo que querías aludir.

"¿Cómo te encuentras hoy?", dice el doctor
"Bien, gracias" es la respuesta dada
"¿Cuáles son los resultados?"
Hay un vacío en ese momento dado.

"Bueno", dice el doctor
"tenemos que hablar claramente
tu cáncer ha regresado
poco tiempo queda por vivir".

"¿Por qué me ha ocurrido esto?"
"¿Qué hago? ¿Con quién hablo?"
"¿Cuánto tiempo me queda?"

"No quiero ningún tratamiento"
"He visto a muchos sufrir"
"Solo quiero estar tranquilo
disfrutar lo que me queda y evitar la tristeza."

"Eres un gran paciente, sabes lo que quieres"
"No puedo hacer nada si así lo prefieres"
"Estaré contigo hasta que llegue la hora"
"No te abandonaré hasta que cierres tus ojos."

How sad for those who have no one,
the abandoned, the forsaken, the forgotten,
those who even in company feel loneliness,
those who silently endure pain, fear, and dread.

The moment will come when silence brings calm,
until then, enjoy what nature gives you,
without fear, resentment, hatred, or desolation, but with love and peace,
that is what you will take with you when your spirit fades away.

©2015 Dr. Israel Cruz
02/25/15

Qué triste para aquellos que no tienen a nadie,
Los desamparados, los desahuciados, los olvidados,
Aquellos que aún en compañía sienten soledad,
Los que sufren en silencio el dolor, el miedo, el temor.

El momento llegará cuando el silencio traiga calma,
Hasta entonces, disfruta de lo que la naturaleza te regala,
Sin temor, rencor, odio o desolación, sino con amor y paz,
Eso es lo que te llevarás cuando tu espíritu se vaya.

©2015 Dr. Israel Cruz
25/02/15

The Coffin

The body is displayed,
everyone approaches it,
some with admiration and others with disillusionment.

The deceased observes them,
sees how they look at him, listens to their conversations,
knows the hypocrites who have come there.

He stares at them,
but no one can see him,
he also knows who has come to entertain others.

See how they cry now, says the deceased,
but no one hears his voice,
no one realizes what is happening around them.

Don't scream, don't cry for me, he repeats many times,
don't pretend to be what you were not, what you were not,
from here, I can clearly see who you were, who you are, and who you will be.

©2015 Dr. Dr. Israel Cruz
02/24/15

El Féretro

El cuerpo es expuesto,
todos se acercan a él,
unos con admiración y otros con desilusión.

El difunto los observa,
ve cómo lo miran, escucha sus conversaciones,
conoce a los hipócritas que han llegado hasta allí.

Los mira fijamente,
pero nadie puede verlo,
él también sabe quiénes han venido para entretener a otros.

Mira cómo lloran ahora, dice el difunto,
pero nadie escucha su voz,
nadie se da cuenta de lo que ocurre a su alrededor.

No grites, no llores por mí, repite muchas veces,
no pretendas ser lo que no eras, lo que no fuiste,
desde aquí puedo ver claramente quién fuiste, quién eres y quién serás.

©2015 Dr. Dr. Israel Cruz
24/02/15

Event in Question

He wakes up early in the morning,
tired and dazed,
in a bad mood and bored.
They greet him, he doesn't respond,
he walks hurriedly,
unaware of what manifests beside him.

He lives the day dazed, in a bad mood,
confused, shattered,
without enjoying the day that has been granted to him.
He finishes his work, returns home,
in the same way he left,
nothing improved, everything worsened.

The night has arrived, he goes to bed to sleep,
closes his eyes, begins to dream,
a day of his life bids farewell.
Dreaming makes him understand,
it is his potential that will bring success,
to achieve what he has desired.

The night disappears, the day has returned,
joyful, in a good mood, pleased he has recovered,
recognizing the new dawn that the universe has granted him.

©2015 Dr. Israel Cruz
02/23/15

Evento en Cuestión

Se levanta temprano en la mañana,
cansado y aturdido,
de mal humor y aburrido.
Le dan los buenos días, no contesta,
apresurado camina,
no se da cuenta de lo que a su lado se manifiesta.

Vive el día aturdido, malhumorado,
confundido, destrozado,
sin disfrutar el día que se le ha otorgado.
Termina su trabajo, regresa a su hogar,
de la misma manera que salió,
nada mejoró, todo empeoró.

La noche ha llegado, se acuesta a dormir,
cierra sus ojos, comienza a soñar,
un día de su vida se despide.
El soñar hace comprender,
es su potencial el que el triunfo ha de traer,
para lograr lo que ha deseado.

La noche desaparece, el día ha regresado,
alegre, de buen humor, complacido se ha recuperado,
reconociendo el nuevo amanecer que el universo le ha otorgado.

©2015 Dr. Israel Cruz
23/02/15

Disappointment

You wake up early in the morning,
looking around positively,
promising yourself that nothing will disturb your mind.

The day begins cheerfully,
you sing, laugh joyfully,
unaware of the disappointment
surrounding your environment.

You try your best to maintain the joy you feel,
greet everyone kindly,
showing and transmitting the happiness you feel,
unaware of the persistent disappointment.

You enjoy the day pleasantly,
singing, laughing, dancing, relishing the fervent joy,
transmitting the love you feel for yourself and others,
unaware that you are fiercely overcoming that disappointment.

© 2015 Dr. Israel Cruz
02/21/15

Decepción

Te levantas temprano en la mañana,
miras a tu alrededor positivamente,
te prometes a ti mismo que nada perturbará tu mente.

Comienza el día alegremente,
cantas, ríes gozosamente,
sin darte cuenta de la decepción que
rodea tu ambiente.

Tratas al máximo de mantener la alegría que sientes,
saludas a todos amablemente,
demuestras y transmites la alegría que sientes,
sin darte cuenta de la decepción persistente.

Disfrutas del día agradablemente,
cantas, ríes, bailas, gozas la alegría ferviente,
transmites el amor que por ti y los demás sientes,
sin darte cuenta de que vences esa decepción ferozmente.

© 2015 Dr. Israel Cruz
21/02/15

Memories of Love

Do you remember your first love?
When he asked you to be his girlfriend,
The first time he held your hand,
The first kiss given.
Do you remember your first love?
When you hid to see him,
Out of fear of being seen,
And making unnecessary comments.
Do you remember your first love?
The first disagreement,
The first argument,
The first reconciliation.
Do you remember your first love?
When he promised to love you forever,
But suddenly started to distance himself,
And left you without any explanation.
Do you remember your first love?
The one who touched your heart,
The one who brightened your soul,
The one who forever changed you.
Do you remember your first love?
The one you always carry with you,
Even if you no longer have the same feeling.
Do you remember your first love?

©2015 Dr. Israel Cruz
02/20/15

Recuerdos de Amor

¿Recuerdas tu primer amor?
Cuando te preguntó si querías ser su novia,
La primera vez que tomó tu mano,
El primer beso dado.
¿Recuerdas tu primer amor?
Cuando te escondías para verlo,
Por miedo a ser vistos,
Y comentarios innecesarios hacer.
¿Recuerdas tu primer amor?
El primer desacuerdo,
La primera discusión,
La primera reconciliación.
¿Recuerdas tu primer amor?
Cuando te prometió amarte por siempre,
Pero de repente comenzó a alejarse,
Y te dejó sin explicación alguna.
¿Recuerdas tu primer amor?
Aquel que tocó tu corazón,
Aquel que alegró tu alma,
Aquel que para siempre te cambió.
¿Recuerdas tu primer amor?
El que siempre llevas contigo,
Aunque el mismo sentimiento ya no tengas.
¿Recuerdas tu primer amor?

©2015 Dr. Israel Cruz
20/02/15

The Memory of First Love

Do you remember that first love,
when he asked you to be his muse,
the moment he took your hand,
and the first kiss on your lips?

Do you remember that first love,
when you hid to admire him,
afraid of being discovered,
and unnecessary comments echoing?

Do you remember that first love,
the first disagreement that arose,
the first argument that formed,
and the first reconciliation that blossomed?

Do you remember that first love,
who promised to love you forever,
but suddenly started drifting away,
without giving any coherent explanation?

Do you remember that first love,
who touched your heart with such passion,
brightened your soul with his song,
and left an indelible mark on your heart?

El Recuerdo del Primer Amor

¿Recuerdas ese primer amor,
cuando te preguntó si querías ser su musa,
el instante en que tomó tu mano,
y el primer beso en tus labios?

¿Recuerdas ese primer amor,
cuando te escondías para admirarlo,
temiendo ser descubiertos
y que comentarios innecesarios hicieran eco?

¿Recuerdas ese primer amor,
el primer desacuerdo que surgió,
la primera discusión que se formó,
y la primera reconciliación que floreció?

¿Recuerdas ese primer amor,
quien prometió amarte por siempre,
pero de repente comenzó a alejarse,
sin darte ninguna explicación coherente?

¿Recuerdas ese primer amor,
que tocó tu corazón con tanta pasión,
que alegró tu alma con su canción,
y dejó una huella imborrable en tu corazón?

Do you remember that first love,
who is always present within you,
even though the same feeling no longer exists,
his essence lingers within your being.

Do you remember that first love?

© 2018 Dr. Israel Cruz
02/20/15

¿Recuerdas ese primer amor,
que siempre está presente en tu ser,
aunque el mismo sentimiento ya no exista,
su esencia perdura en tu ser?

¿Recuerdas ese primer amor?

© 2018 Dr. Israel Cruz
20/02/15

Racism

You don't consider yourself racist,
you say you help everyone,
you mention Africa, South America,
India, Pakistan, Mexico.

You don't consider yourself racist,
you say I am different,
that I am an educated Latino,
that I have a doctorate.

You don't consider yourself racist,
you say I am different,
that I can express myself in three languages,
that I have light skin.

You don't consider yourself racist,
but you don't like black people,
Asians, mixed-race individuals,
you consider them inferior, unintelligent.

You don't consider yourself racist,
you think you're better because of your skin color,
because of where you come from,
but in reality, you are racist.

Racismo

No te consideras racista,
dices ayudar a todo el mundo,
mencionas África, Sudamérica,
India, Pakistán, México.

No te consideras racista,
dices que soy diferente,
que soy un latino educado,
que tengo un doctorado.

No te consideras racista,
dices que soy diferente,
que sé expresarme en tres idiomas,
que tengo la piel clara.

No te consideras racista,
pero no te gusta la gente negra,
los asiáticos, los mulatos, los mestizos,
los consideras inferiores, poco inteligentes.

No te consideras racista,
te crees mejor por el color de tu piel,
por el lugar de donde vienes,
pero en realidad, racista sí eres.

Ignorance has taught you very little,
you are racist and you don't understand it,
you think you're superior because of what you have,
but in reality, you are inferior.

©2015 Dr. Israel Cruz
02/19/15

La ignorancia poco te ha enseñado,
eres racista y no lo entiendes,
te crees superior por lo que tienes,
pero en realidad, inferior eres.

©2015 Dr. Israel Cruz
19/02/15

Determination

I look at the horizon,
I see a long and narrow path,
its edge filled like a rainbow,
guiding me to where destiny takes me.

There are hills and descents,
heat, cold, fatigue, sadness, tears,
joy, rest, triumph,
I look at the horizon,
I see a long and narrow path.

A path that will give me the opportunity,
to obtain what I deserve,
even on hills and descents,
even with heat and cold.

I look at the horizon,
I see a long and narrow path,
I will fight to achieve what I have always wanted.

© 2015 Dr. Israel Cruz
02/18/15

Determinación

Miro el horizonte,
veo un largo y estrecho camino,
su borde repleto como un arco iris,
me guía hacia donde me lleva el destino.

Hay cuestas y bajadas,
calor, frío, cansancio, tristeza, llanto,
alegría, descanso, triunfo,
miro el horizonte,
veo un largo y estrecho camino.

Camino que me dará la oportunidad,
de obtener lo que merezco,
aún en cuestas y bajadas,
aún con calor y frío.

Miro al horizonte,
Veo un largo y estrecho camino,
Lucharé por conseguir lo que siempre he querido.

© 2015 Dr. Israel Cruz
18/02/15

The Mind

Remember the most precious moment,
The happiness felt at a given time,
Your birthday, first kiss, best friend,
Engagement, wedding, birth of your children,
Goodbyes, the death of loved ones.

The mind, powerfully strong,
Remembers everything that has happened,
Pleasant and unpleasant events,
Laughter, tears, embedded pain,
Moments that will always be with you.

The mind, powerfully strong,
Will help you achieve what is meant for you,
Do not fear, work for what you desire,
Find the path that leads you
To attain what you long for.

©2015 Dr. Israel Cruz
02/17/15

La Mente

Recuerda el instante más preciado,
La felicidad sentida en un momento dado,
Tu cumpleaños, primer beso, mejor amigo,
Compromiso, boda, nacimiento de tus hijos,
Despedidas, muerte de seres queridos.

La mente, poderosamente fuerte,
Recuerda todo lo que ha ocurrido,
Eventos agradables y desagradables,
Risas, lágrimas, dolor impregnado,
Momentos que siempre estarán contigo.

La mente, poderosamente fuerte,
Te ayudará a lograr lo que te corresponde,
No temas, trabaja por lo que deseas,
Encuentra el camino que te lleve
A conseguir lo que anhelas.

©2015 Dr. Israel Cruz
17/02/15

The Hour

The time has come for me to bid farewell,
I want to let you know what I intend to say,
There are so many things I'd like to convey,
That time wouldn't be enough without interrupting your day.

Childhood was beautiful, joyful, and healthy,
Running through the fields, embracing freedom,
Walking hand in hand with the wind,
Surrounded by nature and enjoying peace.

Adolescence brought both restlessness and peace,
A stage of self-discovery,
What destiny will bring,
What others might understand.

Adolescence brought fear and bravery,
To face everything that hurt,
Recognizing the inner strength that would help,
To confront fear, uncertainty, and pain that I felt.

That stage ends, and adulthood begins,
You don't know what awaits you, everything is confusing,
Family, friends, the community, the whole world,
Expect your success with great enthusiasm.

La Hora

Ya ha llegado la hora de despedirme,
Quiero dejarte saber lo que pienso decir,
Son tantas las cosas que quisiera transmitir,
Que no me daría el tiempo sin interrumpir tu día.

La niñez fue hermosa, alegre, sana,
Corriendo por el campo abrazando la libertad,
Caminando de la mano con el viento,
Rodeado de la naturaleza y disfrutando de la paz.

La adolescencia trajo consigo inquietud y también paz,
Etapa de reconocer el propio ser,
Lo que el destino traerá,
Lo que los demás podrían comprender.

La adolescencia trajo miedo y valentía,
Para poder enfrentar todo aquello que hería,
Reconociendo la fuerza interna que ayudaría,
A enfrentar el miedo, la incertidumbre y el dolor que sentía.

Termina esa etapa y comienza como adulto,
No sabes lo que te espera, todo es muy confuso,
La familia, los amigos, la comunidad, el mundo entero,
Esperan tu triunfo con mucho esmero.

You immerse yourself in studies, work, personal life,
Trying to please everyone,
You forget about yourself to help others,
Without realizing how quickly time passes.

You continue your routine, and much time has passed,
Sad moments and joyful ones have knocked on your door,
When you look in the mirror, you see the time that has gone by,
You touch your face and feel that old age has arrived.

Your life starts to rewind like an unseen movie,
There are events of joy, tears, sadness, hatred, resentment,
There are moments of inner peace and much love,
You remember your beautiful, joyful, and healthy childhood too.

You're sitting in the chair of memories,
Calm and content with what you've achieved, including what you haven't,
Remembering childhood, adolescence, and youth,
Enjoying the memories that life has gifted you.

The time has come, and soon you'll have to go,
I'm just trying to tell you that your life has an end,
Enjoy it by remembering who you are,
Live your life, be happy.

©2015 Dr. Israel Cruz
02/16/15

Te envuelves en estudios, trabajo, vida personal,
Tratando de deleitar a todos,
Te olvidas de ti mismo para ayudar a otros,
Sin darte cuenta de lo rápido que pasa el tiempo.

Sigues tu rutina y mucho tiempo ha pasado,
Tristes momentos y también alegres han tocado a tu puerta,
Al mirarte al espejo ves el tiempo que ha pasado,
Tocas tu rostro y sientes que la vejez ha llegado.

Comienzas a retroceder en tu vida como una película nunca vista,
Hay eventos de alegría, llanto, tristeza, odio, rencor,
Hay momentos de paz interna y mucho amor,
Recuerdas tu niñez hermosa, alegre y sana también.

Estás sentado en el sillón de los recuerdos,
Tranquilo y satisfecho con lo que lograste y lo que no también,
Recordando la niñez, adolescencia y juventud,
Disfrutando los recuerdos que la vida te ha regalado.

Ya ha llegado la hora y pronto tendrás que irte,
Solo trato de decirte que tu vida tiene un fin,
Disfruta de ella recordando quién eres,
Vive tu vida, sé feliz.

©2015 Dr. Israel Cruz
16/02/15

Old Age

"What time is it?" the elderly man asks.
"It's six o'clock," comes the response, steadfast.
The old man sighs, muttering incoherent words,
trying to grasp the answer he has heard.
His mind remembers only the days gone by,
like a movie reel playing, where memories lie.
He sees his past life, vivid and clear,
and also how it slowly disappears.

A smile briefly appears, as he recalls an event,
a cherished memory that once gave him content.
"Why do you smile, old man?" someone inquires.
"I smile, reminiscing about what life once required."

Listen, says the old man with a knowing glance,
life rarely unfolds according to our plans,
but rather, it's shaped by what we achieve,
even if it's not exactly what we conceive.
Live in the present, free from worry or strife,
smile and relish the movie of your own life.
Its ending will be marvelous and profound,
if you're the producer, director, and star, all around.

©2015 Dr. Israel Cruz
02/15/15

La Vejez

¿Qué hora es?, pregunta el anciano.
"Son las seis", es la respuesta dada.
El anciano suspira y repite palabras incoherentes,
tratando de entender la respuesta dada.
Su mente solo recuerda el pasado,
como una película que va pasando.
Ve cómo era su vida en su tiempo,
y también cómo va desapareciendo.

Sonríe un instante al recordar un evento,
un evento que llenó su vida por largo tiempo.
"Viejo, ¿por qué sonríes?", es la pregunta.
"Sonrío al recordar lo que llenó mi vida en un tiempo".

Sabes, dice el anciano,
la vida no suele ser lo que esperamos,
sino lo que de ella logramos,
aún cuando no sea lo que deseamos.
Vive el momento sin preocupación alguna,
sonríe y goza la película de tu propia vida.
Su final será maravilloso e intrigante,
si eres tú el productor, director y protagonista.

©2015 Dr. Israel Cruz
15/02/15

In A Moment

Loneliness embraces you and caresses your skin,
Tears run down your eyes,
Your mind starts to race,
Without stopping for a moment,

You don't know why,
A new day has begun,
What will it bring you?
You don't know, you're confused,

Because of the loneliness that caresses your body,
And the tears that begin to flow from your eyes.

©2015 Dr. Israel Cruz
02/14/15

En un Momento

La soledad te abraza y acaricia tu piel,
Las lágrimas corren por tus ojos,
Tu mente comienza a correr,
Sin detenerse un instante,

No sabes por qué,
Ha comenzado un nuevo día,
¿Qué te deparará?
No lo sabes, estás confundido,

Por la soledad que acaricia tu cuerpo,
Y las lágrimas que comienzan a correr de tus ojos.

©2015 Dr. Israel Cruz
14/02/15

Thomas

You lived your life always smiling,
Even when tears welled up in your eyes,
You lived without a worry,
Even though everything seemed to be falling into ruin,

You made jokes, eliciting laughter,
But your own sadness you didn't reveal,
You loved your daughters and remembered them,
Even though you searched for them and didn't find,

With your footsteps, you touched others,
With your jokes, you brought joy to many,
Today you have departed, but you won't be forgotten,
The lives of many, in one way or another, you have touched.

©2015 Dr. Israel Cruz
02/13/2015

Thomas

Viviste tu vida siempre sonriendo,
Incluso cuando lágrimas brotaban de tus ojos,
Viviste sin preocupación alguna,
Aunque todo parecía caer en la ruina,

Hiciste chistes, lograste carcajadas,
Pero tu propia tristeza no sacaste,
Amaste a tus hijas y las recordaste,
Aunque las buscaba y no encontraste,

Con tus huellas tocaste a otros,
Con tus chistes alegraste a muchos,
Hoy te has marchado, pero no serás olvidado,
La vida de muchos, de una forma u otra, has tocado.

©2015 Dr. Israel Cruz
13/02/2015

Aunt Tata

Aunt Tata, I called you with love and affection,
We shared many moments of joy and conversation.
Upon seeing me, you always said, "Hey, look Isra",
"When you arrived and when you're leaving."
"To Johnny, I told him to look for coconuts,
Sensing that you were coming,
I have to prepare your coconut flan."
With much love, she would make the flan,
I would take it to my house,
But it never arrived, I would devour it on the way,
Because it tasted so delicious.
I can never forget the love you showed me,
Nor the coconut flan that you gifted me for many years.
Today we miss you, but we don't forget,
For the love you always showed us.

©2015 Dr. Israel Cruz
02/04/2015

Tia Tata

Tía Tata, te llamaba con cariño y amor,
Compartimos muchos ratos de alegría y conversación.
Al verme, siempre decías: "Eh, mira Isra",
"Cuando llegaste y cuando te vas".
"A Johnny le dije que me buscara cocos,
Presintiendo que ibas a llegar,
Tu flan de coco tengo que preparar".
Con mucho amor, mi flan preparaba,
A mi casa yo lo llevaba,
Pero nunca llegaba, en el camino lo devoraba,
De tan rico que le quedaba.
Nunca puedo olvidar el cariño que me demostró,
Ni tampoco el flan de coco que por muchos años me regaló.
Hoy te extrañamos, pero no olvidamos,
Por el amor que siempre nos profesaste.

©2015 Dr. Israel Cruz
04/02/2015

Mr. Kennedy

He was our president when I was just six years old
I thought he had gone to heaven
My mother told me when he died.

I didn't personally know him
I knew him as Mr. President
The man who could do it all
I believed in that as a child.

Years passed, and I remember
So much pain and sorrow
Looking back, I can say
He was loved and still is.

He left before his time
Fifty years have already passed
He is still with us
He, Mr. Kennedy
The president we all love.

©2013 Dr. Israel Cruz
11/23/2013

Señor Kennedy

Era nuestro presidente cuando yo solo tenía seis años
Pensé que al cielo se habías ido
Mi madre me dijo cuando murió.

No lo conocía personalmente
Lo conocí como el señor presidente
El hombre que podía hacerlo todo
Creí en eso cuando era un niño.

Pasaron los años y recuerdo
Tanto dolor y pena
Pensando en retrospectiva, puedo decir
Fue amado y todavía lo es.

Se fue antes de su tiempo
Cincuenta años ya han pasado
Sigue con nosotros
El señor Kennedy
El presidente que todos amamos.

©2013 Dr. Israel Cruz
23/11/2013

Awakening

The morning has arrived
The night has departed
The spirit of the day has touched me
I will perform an act of charity
I will carry out an act of goodwill
I will dedicate my smile to myself
I will smile in the face of adversity
I will seek my other self
I will be who I want to be
I will love without regret
The day has begun
I want to enjoy the day
Do not criticize who I am
The universe is my architect
Nature is my sculptor

©2013 Dr. Israel Cruz
11/09/2013

Despertar

La mañana ha llegado
La noche se ha marchado
El espíritu del día me ha tocado
Haré un acto de caridad
Realizaré un acto de buena fe
Dedicaré mi sonrisa a mi ser
Sonreiré ante la adversidad
Buscaré a mi otro yo
Seré quien quiero ser
Amaré sin pesar
El día ha comenzado
El día quiero gozar
No critiques cómo soy
El universo es mi arquitecto
La naturaleza es mi escultor

©2013 Dr. Israel Cruz
09/11/2013

Grandma Esperanza

Grandma Esperanza, that's what we called you
With affection and understanding
You always gave us unconditional love
We would share our problems
And wait for your response
You never judged us
Always treated us with respect
Since your departure, we miss you
We always remember you
Today, December 18th, I say to you
Mom Esperanza, happy birthday

©1998 Dr. Israel Cruz
12/18/1998

Mamá Esperanza

Duda Mamá Esperanza, así te llamábamos
Con cariño y comprensión
Tú siempre nos brindaste un amor incondicional
Contábamos nuestros problemas
Y esperábamos tu respuesta
Nunca nos juzgaste
Siempre nos tratabas con respeto
Desde tu partida te extrañamos
Siempre te recordamos
Hoy, 18 de diciembre, te digo
Mamá Esperanza, feliz cumpleaños

©1998 Dr. Israel Cruz
18/12/1998

Doubt

As I walked through a park,
I saw a girl crying,
with hunger, cold, and thirst,
without anything to keep her warm.
I tried to wrap her in my shirt.

She spoke to me with sadness, and between the lines she told me
that her mother was a prostitute,
who asked her for nothing,
even though she was hungry and thirsty.

Despite being a prostitute mother,
she offered her love,
trying to meet her needs,
but the girl didn't understand.

The mother, despite her flaws,
provided affection.
But the girl couldn't grasp
the love her mother bestowed upon her.

Today, I don't know where she is,
I would like to know what has happened to her and her mother,
to find out if she could comprehend
that a mother's love can overcome anything.

©1982 Dr. Israel Cruz
10/13/1982

Duda

Mientras pasaba por un parque,
vi a una niña llorando,
con hambre, frío y sed,
sin nada para abrigarse.
Intenté abrigarla con mi camisa.

Me hablaba con tristeza y entre líneas me decía
que su madre era una ramera,
que no le pedía nada,
aunque tenía hambre y sed.

A pesar de ser una madre ramera,
le brindaba cariño,
intentaba cubrir sus necesidades,
pero la niña no lo entendía.

La madre, a pesar de sus defectos,
le proporcionaba afecto.
Pero la niña no comprendía
el amor que su madre le profesaba.

Hoy no sé dónde se encuentra,
me gustaría saber qué le ha pasado a ella y a su madre también,
saber si pudo comprender
que el amor de una madre puede vencerlo todo.

©1982 Dr. Israel Cruz
13/10/1982

Editorial Review

The author's writing style is truly captivating, characterized by its remarkable emotional depth, evocative imagery, and profound insights into the human experience. With a masterful command of language, the author effortlessly conveys complex emotions and nuanced themes in a way that resonates deeply with readers.

One of the most striking aspects of the author's writing is their ability to use simple yet powerful language to convey profound ideas. Through carefully chosen words and poignant expressions, the author creates a palpable sense of emotion and resonance, drawing readers into the heart of the poem's message. This simplicity allows the poems to speak directly to the reader's soul, prompting introspection and contemplation about life's deepest questions.

Overall, the author's writing style is characterized by its emotional depth, evocative imagery, and profound insights into the human experience. Whether describing the beauty of nature or the inner turmoil of the human soul, the author's imagery is both vivid and evocative, creating a powerful sensory experience for the reader. Each poem offers a unique perspective on life's challenges and triumphs, inviting readers to reflect on their own journeys of self-discovery and growth. It is a masterpiece in the genre of Mental & Spiritual Healing and Motivational Self-Help (Books).

Revisión Editorial

El estilo de escribir del autor es verdaderamente cautivador, caracterizado por su notable profundidad emocional, imágenes evocadoras y profundas ideas sobre la experiencia humana. Con un dominio magistral del idioma, el autor expresa sin esfuerza emociones complejas y temas matizados en una manera que resuena profundamente con los lectores.

Uno de los aspectos más sorprendentes de la escritura del autor es su capacidad para utilizar un lenguaje simple pero poderoso para expresar ideas profundas. Por palabras cuidadosamente elegidas y expresiones conmovedoras, el autor crea una palpable sensación de emoción y resonancia, atrayendo a los lectores al corazón del mensaje del poema. Esta simplicidad permite que los poemas hablen directamente al alma del lector, incitando la introspección y la contemplación sobre las preguntas más profundas de la vida.

En general, el estilo de escritura del autor se caracteriza por su profundidad emocional, imágenes evocadoras y profundos percepciones sobre la experiencia humana. Ya sea describiendo la belleza de la naturaleza o la agitación interna del alma humana, la imaginería del autor es tanto vívida como evocadora, creando una poderosa experiencia sensorial para el lector. Cada poema ofrece una perspectiva única sobre los desafíos y triunfos de la vida, invitando a los lectores a reflexionar sobre sus propios viajes de autodescubrimiento y crecimiento. Es una obra maestra en el género de la Curación Mental y Espiritual y la Autoayuda Motivacional (Libros).

www.ingramcontent.com/pod-product-compliance
Ingram Content Group UK Ltd.
Pitfield, Milton Keynes, MK11 3LW, UK
UKHW062300290726
14090UKWH00017B/796